常春藤传记馆

温儒敏／主编

U0826392

封建帝国的变革之光

王安石传

薛静 著

長春出版社
国家一级出版社
全国百佳图书出版单位

图书在版编目(CIP)数据

封建帝国的变革之光：王安石传 / 薛静著. —长春：长春出版社，2017.1
(常春藤传记馆 / 温儒敏主编)
ISBN 978-7-5445-4671-3

Ⅰ. ①封… Ⅱ. ①薛… Ⅲ. ①王安石(1021-1086)-传记 Ⅳ. ①K827=441

中国版本图书馆 CIP 数据核字(2016)第 279478 号

封建帝国的变革之光:王安石传

著　　者：薛　静
责任编辑：孙振波
封面设计：楠竹文化

出版发行：長春出版社　　总编室电话：0431-88563443
编辑室电话：0431-88546966　　发行部电话：0431-88561180
地　　址：吉林省长春市建设街 1377 号
邮　　编：130061
网　　址：www.cccbs.net
制　　版：荣辉图文
印　　刷：长春第二新华印刷有限责任公司
经　　销：新华书店

开　　本：787 毫米×1092 毫米　1/32
字　　数：109 千字
印　　张：6.75
版　　次：2017 年 1 月第 1 版
印　　次：2017 年 1 月第 1 次印刷
定　　价：19.80 元

总　序

温儒敏

十多年前，我主持人民教育出版社高中语文教材的编写，其中选修课就专门设置有《中外传记选读》一种，我自己还动手编写了这本教材。因为受高考"指挥棒"影响，一般学校的选修课未必真能让学生自主选修，很多选修教材编出来都没有使用，但《中外传记选读》一直很受欢迎，每年都有重印。这让我对传记的阅读推广有了特别的关注。

我还注意到最近三四年高考语文试题命制的一种趋向，无论全国卷还是其他省市卷，阅读题往往都选传记作为材料。比如今年（2016 年）全国卷的甲、乙、丙三个卷子，文言文阅读的材料全是传记，包括《明史·陈登云传》（甲卷）、《宋史·曾公亮传》（乙卷）和《明史·傅珪传》（丙卷）；现代文阅读的实用类文本也多用传记，节选了《吴文俊传》和《陈忠实传》。可见传记阅读越来越受到重视，考试也有意往这方面引导。

中小学语文教材也应当多选一些传记。现在

教育部正组织编写一套新的义务教育语文教科书，聘我担任总主编，这套新教材就选了不少名人传记，并鼓励学生多读传记。

为什么中小学生要多读传记？我曾在《中外传记选读》的前言中说过理由，这里不妨转述一下：

> 同学们都渴望能拥有健全、快乐和成功的人生，现在的学习阶段就在做准备，而且其本身就已经是你人生经历的一部分。我们该怎样设计自己的人生？当然最重要的还是学习。除了学习文化知识，还要从历史人物或者成功的人物身上学习宝贵的生活道理、人生哲学以及获取成功的途径。这就是励志教育，是人生教育中非常重要的部分。人都需要不断添加生活的动力，特别是在年轻的时候，要有偶像和楷模，有高远目标的激励。如同英国思想家培根所说过的：“用伟人的事迹激励我们，远胜一切的教育。”让同学们从那些杰出的成功的人物身上吸取人生的经验，从前人多种人生道路的选择中寻找我们各自的“契合点”，这就是我们设立这门课的主要目的。

这里说的“设立这门课的主要目的”，其实

也是我们推出这套“常春藤传记馆”丛书的目的。

“常春藤传记馆”丛书由北京大学语文教育研究所组织编写，长春出版社出版。全套丛书初步设定为100种，每本10万字左右，其选目、内容和写法都是为中小学生“量身定制”的。我们希望这套丛书能作为基本图书进入中小学图书馆。和其他同类传记图书相比，“常春藤传记馆”丛书有四个特色：

一是传主覆盖范围广。包括中外古今各个领域的名人，涉及政治、军事、科学、实业、社会活动、文学、艺术、革命等领域。重点考虑有代表性的、在精神层面可以给学生激励的那些名人。

二是和课程教学有呼应。中小学除了语文，各个学科的教材和教学都会涉及中外古今各个领域的著名人物，选择主题首先考虑这一情况，选取学生有所接触又可能希望进一步了解的那些名人。这可以满足学生不同的兴趣爱好。

三是专门为中小学生编写。本套传记不是专业性强的评传，而是重在勾勒传主生平事业贡献的小传，内容和文字力求深入浅出，生动形象，有趣有味。阅读对象接受水平可以定位在初中程度，也可以稍高一点。特别是有些理科方面的传记，主要面对高中生。其实，小学生的课外阅读也要取法乎上，他们可以读这套为中等文化水平的读者设计的书。

四是内容安排上特别注重励志及健全的人格心理引导培养，在叙说传主生平事迹时，适当地自然地凸显这些方面的思考。

丛书取名“常春藤传记馆”，有特别的含义。“常春藤”是一种多年生常绿藤类灌木。美国哈佛大学等几所著名的私立大学，组成体育联盟，叫“常春藤盟校”，其起名是因为这些老校的校舍墙上常攀缘有常春藤。本丛书以“常春藤传记馆”作为标识，是虚拟的意象，可以联想到著名的学府，也可以联想到古代的书院，从而营造浓郁的阅读氛围和宁静的心境。另外，“常春”和“长春”同音，暗含这套丛书是由长春出版社出版的。

但愿广大师生喜欢这套书，也期盼大家提出批评建议，共同来经营好这套书，让“常春藤传记馆”更好地满足广大读者，特别是中小学生课外阅读的需求，满足语文教学的需求。

2016年6月30日济南历下

（温儒敏，山东大学一级教授，北京大学中文系教授，教育部聘义务教育语文教科书总主编）

目录 contents

第一章
君子于野

伤仲永，树己志

宋真宗天禧五年（1021）冬日的一个清晨，太阳还挣扎在一片昏沉的云海中，江西临江军判官王益家里，已经是一片繁忙的景象。王益的妻子吴氏躺在里屋的大床上，正在产婆的帮助下，奋力地为自己的夫君诞下他们的第一个孩子。

时年 27 岁的王益，此前有过一位妻子，还有两个儿子王安仁和王安道，儿子们活泼可爱，聪颖向学，只可惜他们的母亲早早就离开了人世。被娶进门续弦的吴氏，今年才满 19 岁，虽然平日里，她待王益前妻留下的两个孩子如同己出，衣食起居悉心照料，读书识字从未落下，更是严格教导他们行事做人，但是私心之中，她当然还是希望能早早生出一个自己的孩子，让王益与王家都能翻开新的篇章。

徘徊在产房外、听着妻子一声声因疼痛而呼喊的王益，又是心疼，又是期待。他盘算着要为这个新生命取个什么样的名字才好。前两个儿子诞生时，王益正发奋读书，随之进士及第。那时他每日研读儒家经典，所以两个孩子取名时一个用“仁”，一个用“道”，希望孩子们能够汲取儒家精华，怀仁义之心，行忠恕之道，在学问和修养上成人成才。而现在正在妈妈肚子里的这个小家伙，虽然是第三个孩子，却是他与新任妻子的第一个孩子。王益已到了人生而立之年，进士及第之后，他在各地做知县、知州，说是一帆风顺，其实也不过是在中层官员的队伍里徘徊；说是仕途坎坷，自己在所任职的各个地方，也都干出了一番事业。在这样的人生阶段，他对自己的经历有着怎样的感触，对自己的下一代又有着怎样的期许呢？

王益想到了东晋著名的政治家谢安。谢安，字安石，出仕之前，喜欢和王羲之、许询等好友游山玩水，长年隐居在会稽郡山阴县的东山，但是隐居的生活并不能掩盖他的才华，他的清谈之名早已闻名江湖。谢安不愿出来做官，多次拒绝别人的举荐，屡次谢绝朝廷的任命。后来东晋王朝深陷危机，朝堂上的大臣束手无策，天下的百姓开始流传这样一句话："安石不肯出，将如苍生何?"意思是说，国家民不聊生，饿殍遍野，马上就要到生死存亡的时刻，谢安还隐居在东山不肯出来做官，这让天下苍生可怎么办啊！于是，谢安放弃了隐士的逍遥人生，承担起拯救国家苍生的重任，任桓温征西司马，此后历任吴兴太守、侍中、吏部尚书、中护军等职，取得了淝水之战的胜利，挽救了东晋王朝。谢安的才华横溢、隐士风流与临危受命、力挽狂澜，恰恰融合了中国古代知识分子对独善其身与兼济天下的双重想象，也给王益留下了深刻的印象。行走在官场之中的王益，此时此刻最想把这种才华、担当与波澜壮阔的人生经历，赋予自己的这个孩子……

一声清脆的啼哭，打断了王益的思绪。"恭喜大人，是个小子!"产婆贺喜道。"安石！就叫安石吧!"王益脱口而出。

谁能想到，几十年后，"安石不肯出，将如苍生何"的谶语，将在这个世界上第二次应验。

王安石的诞生，成为王家人丁兴旺的转折

点。短短几年内，除了两个哥哥王安仁与王安道，王安石又多了安国、安世、安礼、安上四个弟弟，以及三个可爱的妹妹。王家的房前屋后，时时传来孩子们玩耍打闹的欢声笑语，当然也少不了孩子们打架争吵与评理告状之声。王益在官衙为百姓们裁决断案，回到家里，也不免要为孩子们的小纠纷断个是非曲直。和传统家庭的严父慈母不同，在王益的家庭里，父亲和颜悦色，对孩子们宠爱有加，倒是母亲吴氏扮演了白脸的角色，时时督促孩子们的学业，也常常教导他们的为人。吴氏知书达礼，眼界开阔，做人做事更是有分寸，识大体，懂轻重，对孩子们的教育一刻也不放松。到后来儿孙长大成人、出将入相时，吴氏虽然年事已高，但她的勤学好问依然毫无衰减，博闻强识倒是更加厉害，王安石的好朋友曾巩还专门夸赞她：“其取舍是非，有常人所不能及者。”

在这样的慈父严母、尊师重教的环境下，王安石和兄弟姐妹们都成长为学业、品德远近闻名的青年才俊。兄弟七人，四人中了进士。三个姐妹都文采斐然，有诗名盛传于当时，有佳句流传于后世。这满门书香，在整个宋朝的历史上都非常少见。

王安石开蒙读书，立刻展现出了自己非凡的天赋。不像其他孩子天性爱玩，王安石从小就喜欢读书，而且记忆力出众，看书几乎过目不忘。安仁、安道两个哥哥都是学了四年才学到《尚书》，而小安石则用了两年就能通读全本。他提笔作文，不假思索就能成篇。旁人一看，文笔自然纯熟，寓意含蓄深刻，无人不服。

这样的天才学生，老师当然又爱又怕。爱的是才子难得，与其对他强加干涉，不如放任天性。所以王安石的老师常常是对别人规定课程、布置作业，而对王安石则允许他听凭自己的兴趣，涉猎不同的著作。但是尽管如此，课堂休息或者课程结束，当其他孩子都纷纷跑出教室，追跑打闹、嬉戏玩耍时，王安石还是会静静地坐在教室里，或是读书读入了迷，或是陷入了自己思索的世界，仿佛知识和学习才是他最好的伙伴、最放松的活动。不过老师有时也怕他，这个孩子太聪明，思维太活跃，提出的问题千奇百怪，有时连老师也回答不了。为人师者不能答疑解惑，就难免有点失了脸面。不过面对这样一位天才少年，又有哪位老师会忍心以自己的小小尴尬，而折断他自由翱翔的翅膀呢？老师曾不止一次向王益表示：“此子断非池中物，迟早必成大器。”

除了勤奋学习，随着父亲任职地点的变迁，王安石还游历了许多地方。他 9 岁那年去了广东韶关，12 岁又搬到四川新繁，16 岁去开封，17 岁又随船下江南。读万卷书，行万里路，乡野的疾苦，帝都的繁华，与纸面上圣贤的文字相互映照，激荡着王安石年轻的心。

13 岁那年的一次出行，对少年王安石产生了巨大的影响。那一年是明道二年（1033），初秋时节，临川老家传来噩耗，王益的祖母、王安石的太奶奶去世了。王益立刻向朝廷请假，赶回临川处理老人的后事，并带上全家人回乡奔丧。全家人从四川赶往江西，一路风尘仆仆，快到临川的时候，正好路过吴氏的娘家。吴氏娘家在金溪的乌石岗，离临川只有 30 多里，来往大约一日路程。村落人丁兴旺，吴氏娘家也是当地有名的大户人家，家中出了好几位进士。奔丧行程虽然匆忙，但是一路奔波，又恰好路过，王益一家就在此短暂休整，也顺便看望吴氏的家人。

吴氏的父亲已经过世，母亲黄氏还健在。听说女儿、女婿带着自己的外孙子、外孙女回来，黄氏喜出望外。当家的吴氏弟弟吴亿自然也是非常热情地招待自己的姐姐和姐夫。一大家子人相聚在一起，奔丧的悲伤暂时消解，久别重逢的喜悦荡漾在心头。

傍晚时分，黄氏招呼女儿带着孩子来内宅，于是吴氏带着小王安石去看望外祖母。外祖母黄氏已经年过花甲，俗话说“隔辈亲”，看到虎头虎脑的王安石，黄氏当然是宠爱有加。听吴氏说起王安石的学业非常出色，过目不忘，文采飞扬，被老师赞为神童，外祖母自然也就想起当地另一位有名的神童来。

八九年前，距离这里不远的邻村发生了一件远近闻名的奇事。村中的方家本是一个普普通通的农户，祖祖辈辈面朝黄土背朝天，从来没有识文断字的人，更不用说参加科举考试了。但是他家有一个小男孩，从小就机灵聪明。这个小男孩名叫仲永，方家没人能教他读书识字，他就常常和村里其他上私塾的小伙伴一起玩耍，只是听小伙伴们讲些先生说过的声响之语，却从没机会自己坐进课堂拿起笔墨纸砚。

小仲永 5 岁时，有一天他忽然跑到爹爹面前，挺起小胸膛说：“爹爹，我会写字，也会作诗……

我、我想去学堂念书！”

方家爹爹以为小孩子在瞎胡闹，于是把他推开：“你懂什么叫写字作诗？小小孩子，连笔都没摸过，还说什么写字作诗。咱们老方家就没有出过读书人，你还是把饭吃饱，等长够了个头，爹爹就带你到田里骑大牛！”

“爹爹！我真的会写字，会定好多字，也会作诗！不信的话，您找笔墨给我，我这就写给您看！”小仲永见爹爹不相信自己的话，急得快要哭鼻子了。他死命地揪住爹爹的衣角，想要证明给爹爹看。

爹爹虽然是个粗人，但是对读书识字还是很尊敬的，看到自己的孩子这么恳切，不免半信半疑地松了口：“你要是真有这个念书的本事，爹爹就是砸锅卖铁也要供你读书啊……”他随即找来仲永的哥哥，差他去邻居家借来笔墨纸砚，又去请来村里的私塾先生，让他看看仲永到底会不会写字作诗，这个字又写得怎么样，这个诗作得又如何。

农家的土桌摆上文房四宝，小仲永的眼睛一下子亮了，他有模有样地铺开纸，研好墨，提笔稍一忖度，便写出四句诗来，不但文从字顺，含义也很好，大意是说要孝敬父母、友爱兄弟，邻里之间相处和睦，才能让族群枝繁叶茂，结尾还不忘署上自己的名字“方仲永”。

仲永的爹爹虽然不认得几个字，但是看到儿子能把自己的名字写出来，而且前面的四排方块字写得还挺像那么回事儿，心里不由得乐开了花。请来做见证的私塾先生，也对此情此景啧啧称奇：“这孩子可不简单！字迹工整有力，诗作自成章法。我教了两三年的学生，也很少有这样的水平。方家爹爹，这棵好苗子你可要爱惜啊！你把他送来学堂念书吧，我不收你们的学费。”

方家爹爹当然一口答应。仲永的娘去集市上扯了二尺布，给他做了一身新衣服，缝了一个新书包，小仲永高高兴兴地进了学堂。方仲永没有上过学堂就会写诗的事情，成了方圆几十里的一件奇事。有的人不相信，就跑来方家验证，但无论是带着题目过来，还是现场指定什么东西让他作诗，小仲永都能出口成章，让前来验证的人赞叹不已。有的人家为了激励自己家的小孩，还会给方家爹爹一些钱，把仲永的诗作买下来带回去。

仲永的名气一传十、十传百，前来求诗的人

越来越多。一开始，方家父母还只是等仲永放了学回来写诗，挣几个家用零钱，但是随着前来求诗的人越来越多，小孩子写诗挣的钱比爹娘下地种田挣的钱还多，方仲永的爹爹心思就活络了："孩儿他娘，人家说，书中自有黄金屋，我看真是不错！娃娃这划拉几个字，就比我在田里累得半死要强。我看，既然孩子现在的诗写得就不错，还能挣钱，咱们没什么大野心，又不指望他中状元、当宰相，不如就让他回来专门写诗卖钱吧！"于是，任凭私塾先生怎么劝阻、小仲永怎么哭闹，爹爹硬逼着仲永退了学。

小仲永又从学堂回到了家中，每天坐在土桌前接待那些慕名而来的人们，写诗挣钱养活一家。仲永的爹爹也懒得再下地种田，只是每天出门买点笔墨，顺便把自家孩子的事迹传得再玄乎其神一点。

"本来也是'神童'，可惜生在这样的家里……"外祖母黄氏叹了一口气，摸了摸小安石的脑袋，语重心长地对吴氏说，"咱们家不缺这两个钱，可别让孩子早早离开学堂，断了学问。"

小安石却扬起脑袋："外婆，外婆，仲永现在多大了？诗写得还怎么样？"

“那孩子现在该有十二三岁了，和你差不多大。”

“那他家在哪里？我想去看看！”

小安石一再央求，家人只好同意了，于是让一位亲戚带他去见这位传说中的神童。百闻不如一见，这位早慧的少年正和王安石差不多年纪，个头不高，人也瘦削。王安石试着出了两个题目，仲永机械般地提笔写诗，不多一会儿就写成了两篇。王安石仔细吟诵，稍稍有些失望。诗作虽然还算不错，但是远远不如传闻中那么精彩，和仲永5岁时所写的那些诗相比，甚至少了几分灵气。

王安石拜访方仲永时，前来求诗的人已经很少了。仲永的诗，若说是五六岁的孩子所作，当然颇为出色，但是十二三岁的孩子还停留在这个水平，人们也就不感兴趣了。方家爹爹把儿子作诗当成了一门生意，无人登门，自然着急，甚至还带着仲永到镇上的集市摆摊，谁给几个钱就替谁写首诗。大家本是出于对神童的好奇、对知识的尊重，这么一折腾，仲永的诗就更不值钱了。一个绝顶聪明的孩子，就这样一步步被目光短浅、揠苗助长的父母挥霍了天赋，被迫荒废学业，卖文为生，浪费了青春，埋没了才华，不能不令人痛惜啊！

方仲永的事情给了年少的王安石极大的震撼。事实证明，没有什么真正的“神童”和“天才”，对一个人的成长来说，后天自身的努力、家庭的环境，远比先天的天赋来得更持久、更深刻。自己的家庭已经为自己提供了优渥的条件，那么自己该怎么努力，才能对得起这上天的眷顾和家庭的厚爱呢？

在后来的《忆昨诗示诸外弟》中，王安石回忆起年少的自己，这样描述当时的情景：

丙子从亲走京国，浮尘坌亦缁人衣。
明年亲作建昌吏，四月挽船江上矶。
端居感慨忽自寤，青天闪烁无停晖。
男儿少壮不树立，挟此穷老将安归。
吟哦图书谢庆吊，坐室寂寞生伊威。
材疏命贱不自揣，欲与稷契遐相希。

年少的王安石到了江宁之后，端坐沉思，忽然明白，好时光如白驹过隙，一去不返，男儿如果不及早确立自己的远大志向，就会丧失斗志和方向，任凭时光流逝而空留遗憾。于是他谢绝了一切宴饮吊唁的聚会活动，不再四处游荡、赏景玩乐，而是闭门苦读、发愤图强。尽管自己的才华不足以和圣贤媲美，但是他也立志成为国家的栋梁。

这一年，王安石 16 岁。

入京城，识曾巩

王安石 19 岁那年，父亲王益积劳成疾，在江宁病逝。王益一生为官清廉，王家虽是远近闻名的书香门第，但没有产业，仅仅靠王益的俸禄养活一家老小。王益去世后，吴氏和大大小小的孩子们也就不得不过起了省吃俭用的生活。对于王安石来说，从衣食无忧的官宦子弟变成节衣缩食的普通百姓，无论是心理落差，还是物质落差，都是很大的。走出小小的书斋，考取功名，成就一番事业，不仅仅是王安石自己的抱负、父亲的遗愿，也是一家人未来生活的指望。

按照北宋的规定，父亲去世，需要服丧 3 年，孝满后才能参加科举。于是，王家在清贫中度过了 3 年，王安石也闭门苦学了 3 年。庆历元年（1041），王安石从江宁北上开封，准备将 20 年的才学与天下英才一较高下。

从江宁到东都开封，要经过淮河。而这一年，正值淮河水灾，茫茫的洪水冲垮了河岸，淹没了良田，也冲毁了航道。由于没办法直接渡河，王安石和家仆只好绕道而行。沿途所见是一片不忍直视的荒凉灾情：浑浊的江水漫过河堤，成片的良田被淹没在水中，不能不让人心痛。但更加触目惊心的不是这些即将丰收的粮食和农民一年的劳作化为乌有，而是整个村子都被洪水包围，房子的半截都被泡在水中，根本没法再住人。

当王安石经过的时候，流离失所的灾民挣扎着围过来，不要银钱，只要一两口饭吃。有的爹娘为了孩儿能有条生路，被迫把子女卖掉。其情其景，惨不忍睹。

王安石的心灵被深深触动了，他向一个灾民问道："官府不是设立了常平仓和广惠仓用来储存粮食、赈灾救济吗？为什么灾情还这么严重？"灾民一脸苦楚："这位相公，我逃荒走了一路，沿途连施粥棚子都没有，仅有的几个也是水多米少，根本就是做做样子。大家都说，什么常平仓、广惠仓，早就都是空仓了！灾情刚刚冒头，粮价立刻上涨，官老爷们就私自开仓卖粮，把粮食都卖给了粮商，粮商又高价卖到城里。钱进了大官大商的口袋，粮进了少爷小姐的饭碗，哪里轮得上我们这些平民百姓啊……”

如此官商勾结、鱼肉百姓的残酷现实，第一次赤裸裸地展现在少年王安石的眼前。他一方面觉得义愤填膺，不禁攥紧了拳头；另一方面又觉得无可奈何，自己一介书生，功名未取，又能做些什么呢？他沉默了许久，又问道：“那……就这样等死吗？……官府，就让大家这样等死吗？”

“挨着吧，再挨几天，说不定官家就来征兵了，要是官家能看上我这身子骨，留给我老婆孩子儿锭银子，她们……说不定还能活下来，我们全家……总会再有相见的一天吧……”说到这里，看似已经麻木的灾民，眼中不禁流出了几滴浑浊的泪水。

王安石将自己多余的口粮，都分给了周围的灾民，他迈着沉重的脚步向前进发，经过几个村落，果然在灾情较轻的一处村庄看到了官府设立的征兵处。成百上千衣衫褴褛、面黄肌瘦的灾民拥挤在这里，希望被征兵录用，换得自己一口饭吃，也给家人换上一点银子度过灾年。

在灾区征兵，是自太祖开朝以来就立下的规矩。“吾家之事，唯养兵可为百代之利。盖凶年饥岁，有叛民而无叛兵，不幸乐岁而变生，则有叛兵而无叛民”太祖认为，这样的政策既可以安抚灾民，给大家一口饭吃，免得滋生叛乱，又可以增加兵力，安邦定国，一举两得。但是事实真的如想象一般美好吗？

熙熙攘攘的灾民，无论老幼、身全体健与否，都被招进行伍。一时看来，可以防止内乱，但是招进之后就要长期供养起来，养兵的费用最后还是通过各种各样的苛捐杂税摊派到普通百姓头上。丰年，人民交租交税，勉强度日；灾年，人民只能流离失所，卖身活命。大宋建立以来，这样反反复复，兵力已经非常冗余，百姓根本养不起这么多的兵丁了。另一方面，也使大宋军队的战斗力下降明显。遥想大宋建立之初，还曾以 20 万兵力震慑辽国，如今兵力近乎百万，却每年要向北辽、西夏送去大批财物以求平安。当初我们雄师一出，谁不俯首称臣？如今，竟然反了过来，任凭哪一个热血青年，都不能不扼腕叹息吧！

经过半年的长途跋涉，深秋时节，王安石终于抵达了东京开封府。虽然王安石自小随父亲游历过不少地方，年少时也曾路过京都，但是现在历经一路艰辛，目睹过沿途的灾民惨象，再次进入这一国之都，他还是被京城的繁华和喧闹深深震撼了。

开封城宏阔雄伟，三层高高的城墙将偌大的都城分成了三个部分。沿着外城的南薰门进入，往北正对着内城的朱雀门，再往北便是皇城的宣德门，这三道门中间的大街就是大名鼎鼎的“御路”，它是整个都城，乃至整个大宋，最笔直、最宽阔、最繁华的街道。南薰门、朱雀门、宣德门三点一线，站在南薰城门处向北望去，京城由内至外的繁华盛景犹如万花筒一般展现在王安石的面前。而整条大路的路面有 200 多步宽，如果按古人迈出一只脚为一跬，迈两次为一步来计算，差不多有 300 多米宽，实在是气象宏伟。在这条御路的两旁规划着两条御廊，都是一家挨着一家的商铺摊位，熙熙攘攘，川流不息。这里既有花店、药店、衣服铺、文具铺等商铺，还有讲评书、演杂技、玩相扑的各色艺人，人流中还穿插着兜售茶食、吆喝小吃的流动摊位，人们流连在其中，逛逛铺子，买买点心，看看表演。进了新玩意、有了便宜货的店铺，常常吸引着少爷小姐们排起长队；相互争锋攀比、压价促销的商贩，更是丫头小厮们乐于围观的好戏。都城兴隆景，人间烟火气，真是看不完的繁华盛世，望不尽的帝国气象。

淮河流域的天灾人祸让王安石看到了大宋最穷困、最凄惨的景象，而都城开封的繁华热闹又让王安石看到了大宋最繁荣、最美好的场面。这个封建帝国的沉疴与希望，最贫苦穷困的一面与最欣欣向荣的一面，叠映在王安石的脑海中，悲愤与安慰、痛苦与希望、挫败与雄心，交替着涌现在这个不过二十几岁的青年人心中，激起了他内心最深沉的波澜。在这繁华的都城中，往来的商贩通过自己的辛勤劳动赚得了富足的生活，行走的百姓也通过公平的交易获得了丰富的物资。但是在遥远的基层乡村，农民们同样是付出汗水，却常常遭受地主大户的盘剥，承受天降灾祸的风险，最终鬻儿卖女，苦不堪言。这一切，到底是为什么？为什么呈现在眼前的仿佛是两个世界？是什么能够让京城如此繁盛，又是什么导致了基层如此贫困？能否让全天下的百姓都吃得饱、穿得暖，能否让每一座城市都像京城一样充满活力、充满希望？

20 年来，一个个学会、认得的方块字，在一夜夜挑灯苦读中，变成一篇篇圣贤书，现在又浮现在王安石的脑海中，他从一篇篇圣贤书中碎裂开、融汇激荡千古的爱国爱民之情，用圣贤的精神与方法对眼前的问题展开了求索与深思。经世致用，知行合一，王安石的一腔热血与壮志，仿佛在这个夜晚找到了出路。

王安石一夜辗转反侧，难以入眠，直到破晓时分才迷迷糊糊进入梦乡，日上三竿之时方才醒来。他一边起身洗漱更衣，一边听到客栈楼下传来一群年轻人高谈阔论之声，所议论之事正是王安石昨夜一直在思考的国家大事。

话说王安石投宿的这家客栈，人来人往，好不热闹。每年的科举考试之时，都会有大批考生从全国各地赶来，这家客栈因为价格公道，食宿干净，交通便利，当然也成了不少人的选择。青年才俊聚在一起，除了相互之间在学业上查遗补缺，交流心得，当然还有闲暇时分的清谈。几番交谈过后，自然会有很多志同道合、年龄相仿的青年结为好友。

王安石侧耳倾听，只听得一位江西口音的青年大声说道："诸君从五湖四海而来，只见得这京城的繁荣之景，而不知今年南方洪涝之下，已成一片水乡泽国。我朝虽然仍能够保持欣欣向荣之表象，但是内里其实已经问题重重，积弊颇深，依我看来，实行改革，迫在眉睫！”

“这位兄台所言极是！”王安石激动之下，推门而出，扶着栏杆、伸出脑袋向楼下回应，见众人纷纷抬头寻找声音的来源，他毫不怯懦，挺起胸膛，扶栏而下，一边走一边朗声说道：“我自江宁至京城，沿途路过淮河流域，今年水灾所造成的惨象，实非未见之人所能想象。平心而论，今年的洪涝论自然规模，并非几百年之不遇，然而实际的灾情却令人触目惊心。究其根本，还是朝廷防灾赈灾的方式，无论是管理还是执行，都已经出现了问题，因此，就免不了硕鼠之辈从中渔利，大发国难财！然而这些问题被各级官员官官相护，不能上达天庭！”

“正是如此！就以现行的灾区征兵来说，征来的兵丁历经灾荒，已都是老弱病残之辈，我国虽然拥兵近百万，每年耗费大量军饷物资，但是实际的战斗力却十分堪忧！真宗年间，辽军入侵，整个朝廷竟然惊慌失措，毫无应对之法，甚至有人主张迁都，将我堂堂一国之都拱手让人！幸得寇准大人力排众议，坚持抗辽，但最后也被迫签订了‘檀渊之盟’。我们泱泱大国，竟然与蛮夷称兄道弟，每年将十万两辽银、二十万匹绢料送上，耻辱！实在是耻辱啊！”江西青年讲到此时，已然热泪盈眶，悲愤难耐。

王安石快步走到桌前，重重一拳擂在桌上：“可气的是，签订条约，丧权辱国，朝廷大臣竟然毫无悔痛之态，还觉得逃过一劫！上面原本歌舞升平的，继续歌舞升平；下面原本鱼肉百姓的，继续鱼肉百姓……举国上下，因循守旧，得过且过，看似盛世，实则颓势，若想真正恢复我大宋之国威，非厉行改革莫属。国家历年科举，选拔新鲜血液进入朝堂，真希望我等同仁，能够承担起这一使命啊！”

“我等怎可以看着大宋陷于水火！”

“是啊，此之重任，舍我其谁！”

青年们被两人的话语所激励，纷纷攥紧拳头，大声疾呼，满腔热血在胸中激荡。

待众人散去，独王安石和江西青年心照不宣地留下，互一作揖，自我介绍。原来这位江西青年名叫曾巩，也是前来参加科举考试的考生。两人相约去王安石的房中继续对谈，谁知越聊越投机，从平日里所见所闻的社会状况、百姓生活，聊到当今朝廷的政治动向、方针策略，再到即将考试的经史子集、学问课业，两人都感觉相见恨晚。聊到兴头上，王安石不禁拿出自己的文章，请曾巩品评。曾巩反复诵读，赞叹不已。王安石的文章实在是情理互见，虚实相生，文字毫无雕刻的痕迹，文采却灵气逼人，自有一番风流韵味。他情不自禁地说："介甫，你的文章如此出色，若是欧阳先生看到了，定会非常赏识你的！"

"欧阳先生……你说的莫非就是文坛泰斗欧阳修？你认识欧阳先生吗？"

"原本是不认识的，但是我实在佩服欧阳先生的文章和为人，便带着文章登门拜访，没想到欧阳先生不但给了我很多鼓励，还给了我很多指点，让我收获颇丰。欧阳先生如此爱才惜才，你的这些文章拿到他的面前，一定会扬名于天下的！"

曾巩带着王安石的文章兴高采烈地离开了。没过两天就传来消息，欧阳先生看到文章，果然大加赞赏，连连称之为美文佳作，品读再三，称作者必成大器，还要将文章收入自己编写的《文林》之中。欧阳修是当时天下公认的文坛泰斗，他门生众多，桃李满天下，又与历次考试的主考官有师生之谊。欧阳先生念及考试在即，为了主动避嫌，提出科举结果公布之后再见王安石。但是欧阳先生的赞赏一经传出，众多学子都前来拜访王安石，想看看能入欧阳公法眼的文章到底是什么人所作，自己应试之时也好学习一二。于是，王安石的住处一时之间门庭若市，其文其名也几乎传遍半个京城。

王安石又夜不能眠了，不过这一次不再是忧思，而是喜悦。没有想到的是，自己从小闭门读书，因为早慧，周围可以谈天说地的朋友本来就寥寥无几，但是此次一入京城，就能够结识曾巩这样一位知心好友，志趣相投，相见恨晚，实在是幸运！更加没有想到的是，都说文人相轻，然而曾巩却能够摒弃狭隘的私心，将自己引荐给欧阳修先生，并得到先生的赏识，闻名于京城，实在是万分幸运！考试在即，自己每日接待访客，耽误了不少工夫，大宋之内卧虎藏龙，文章了得的又岂止我王安石一个？这样下去，假如科举落第，岂不是要辜负了欧阳先生的一番赞誉和曾巩老兄的相知之情？想到这里，王安石又立刻翻身而起，秉烛夜读起来。

夺状元，失状元

宋朝的进士考试要经过好几轮的筛选，想取

得金榜题名的好成绩，非得“过五关斩六将”不可。从各地通过考试选拔出来的青年，来到京城后，首先要参加礼部考试。因为考试在春天举行，因此礼部考试又被称为“春闱”。农历二月，一连举办三场考试，每场考试长达三天，对人的智力、心力和体力都是巨大的考验。每场考试过后，都有人因为押中题目、提笔成章而狂喜不已，也有人因为自感没有发挥出正常水平而连连摇头，扼腕叹息。对于王安石来讲，这次考试称不上超常发挥，也没什么意外失误，还算发挥出了水平。第一次在京参加考试，王安石不知道自己的文风和字迹是否能得到考官的青睐，心中充满了期待。

不出所料，王安石顺利通过了礼部考试，接到通知，要准备接下来四月的殿试，真正在皇帝面前一展才华。但是王安石刚刚结识的好友曾巩却在礼部考试中不幸落榜，只得收拾行囊打道回府，准备下一次的考试。临别之际，两人万分不舍。

“曾兄，此后虽然相隔万水千山，但是我们还是可以书信往来，交流彼此近况。你的才华我最了解，下次考试定能榜上有名！一路之上，保重身体。”

“介甫，我自知才华远远比不上你，你一定要好好准备殿试，带着我们共同的改革信念考出成绩，进入仕途，让大宋重新焕发光彩啊！”

转眼就是庆历二年（1042）的四月，殿试由当朝皇帝钦定题目，各地精英竞争激烈，王安石虽然成竹在胸，一气呵成，但还是不免忐忑不安地等待着最终的结果。殿试虽然名为皇帝亲自选拔人才，但是一般情况下，皇帝并无闲暇一一阅卷，而是先让主考官、副主考官和阅卷大臣批阅试卷，初排名次，然后将前十名的卷子抽调出来，交给两府长官——宰相和枢密使过目，两府长官签上自己的评阅意见后，再排好次序，呈交皇帝，最后由皇帝综合试卷水平和考官、大臣的建议，排定最终的名次。

当时担任宰相的，正是后世以词人身份留名文坛的晏殊。这一年，晏殊女婿杨察的弟弟杨寘也参加了考试，杨寘在前两次的乡试、会试中都取得了第一名的好成绩，这次殿试当然也是憋着一股子劲儿，想要金榜题名，光宗耀祖。考试刚一结束，杨寘就赶紧回到哥哥在京城的府邸，将自己的试卷默写了一遍，央求哥哥拿给岳父晏殊过目。因是手足之情，又是科举大事，杨察平日里再严肃正直，也不能不通情理，于是他将这份草稿拿给晏殊，不求走后门，搞黑幕，只求晏殊在看到试卷的时候留意一下具体的名次，好让弟弟早日安心。

晏殊谅这个女婿还算守规矩，通情理，便取过草稿浏览了一遍，还不忘圈点一二，文章自是美文，但要先压压年轻人的锐气。过了几日，主持考试的官员将前十名的试卷送到宰相晏殊这里，晏殊一翻，发现杨寘的那篇文章恰在其中，还被先前的阅卷官员列为第四名。"没想到这个小子考得还不错!"晏殊暗想。回府之后，他把女婿叫进书房，悄悄给他比画了一个"四"。

从哥哥杨察那里得知这一喜讯，杨寘兴奋得饭也顾不上吃，一晚上都睡不着觉。天一蒙蒙亮，他就差小厮去请自己在京城的好友，准备一起大吃一顿来庆贺。哥哥杨察之前对他千叮咛万嘱咐，殿试结果乃朝廷机密，知道了也不能说出去，一定要忍到正式发榜那天。可是年轻人怎么忍得住呢。美味佳肴，好友把酒言欢，饮至酣处，杨寘便得意地向友人吹嘘道："不瞒你们几位，这次应试作文，我自觉也算是把自己的水平正常发挥了一番，凭我的文采和见地，金榜题名不成问题！”

友人看杨寘一副即将酒后吐真言的样子，立刻好奇地追问道：“这么说，杨兄是有点内部消息啦？不如透露一下，看到我们兄弟几个的成绩没有？这次的状元郎是何方神圣呀？”

“不可说，不可说……”杨寘醉眼惺忪地摆着手，“真是的……这次，不知哪个卫子夺吾状元矣……”

“卫子”这个词在古代可是骂人话，骂人家是头蠢驴。杨寘平日虽然大大咧咧，但是倒也不随意口出脏话评判他人。友人们看他一会儿兴奋激动，自信满怀，嚷嚷着要庆祝考试结束，一会儿又惆怅低落，嘟囔着不满这次会有人比他考得更好，都觉得他是喝醉了，调笑一番，也就结束宴席各回各家了。

杨寘第二天一早酒劲过后，怎么也想不起昨晚都说了些什么，不知道有没有在醉酒时将自己的名次和哥哥、晏殊宰相供出去……这要是追究起来，不但哥哥和晏殊大人的为官清誉会受影响，恐怕为了避嫌，连自己的名字都要从榜上抹去！杨寘只好提心吊胆地等待最后的发榜——走后门、托关系折腾了半天，就想着提前知道名次可以安心，没想到却因为自己一时心浮气躁，耐不住寂寞，让现在更加忐忑不安。

这个让杨寘在兴奋之余又万分遗憾、在羡慕之余又满怀嫉妒的“卫子”是谁呢？正是王安石！王安石展开试卷，洋洋洒洒，将自己对当前朝局和民心的见解一一详述，然后提出自己的改革方案。青年人的热血和锐气，在洁白的宣纸上喷涌而出。那激昂文字、赤胆忠心令人读之无不侧目，也让阅卷大臣心悦诚服地排其为甲榜第一，也就是状元之位。

话说朝廷这边，从晏殊那里接到批阅好的试卷，立刻又呈送给皇上。此时掌管天下的，是仁宗皇帝赵祯，他接到排名前十的试卷，细细阅读起来，但是这头一份试卷就让他有点不舒服。仁宗天性仁孝，宽厚和善，作为宋代的第四个皇帝，施政策略偏于守成，只想把祖宗留下的家业按照祖宗留下的方法好好管理，不是非常积极地想要进行改革探索。王安石这篇激情澎湃的文章在他眼里不对胃口，冲劲有余，稳重不足。但是行文做事，毕竟各人有各人的风格，不便以此就妄加批驳，于是仁宗指着王安石试卷上的“孺子其朋”四个字说：“这份试卷中提到‘孺子其朋’这个典故，不合适，文章不错，但是列为状元、成为天下读书人的榜样，就不妥当了。”

“孺子其朋”出自《尚书·周书·洛诰》，原文是：“孺子其朋，孺子其朋，其往。”本是周公对成王的口吻，一般理解为：“你这年轻的小孩啊，今后和群臣要像朋友一样融洽相处。”此时的王安石不过20多岁，还是个年轻书生，而宋仁宗却已经是30多岁、在位20多年的资深皇帝了。皇帝看到一介布衣用周公对成王、长辈对晚辈的口气对自己说话，当然会觉得心中不爽，主考官员仔细忖度，也发现这确实犯了忌讳，于是赶忙说道：“皇上圣明，这个典故的确不妥，是臣等疏忽了！请教皇上，哪份试卷排为第一比较好呢？”

仁宗翻阅了一下前几名的试卷，第二名王珪、第三名韩绛都已经是朝廷命官，按照惯例不能取为状元，第四名杨寘还没有官身，文章水平也出类拔萃，于是将杨寘的试卷抽出来排为第一，王珪、韩绛依旧位列二、三。王安石一下子从第一名滑到了第四名，别说状元，连三甲都没能进。就这样，本已经夺得状元的王安石，又失去了状元的头衔。

皇榜一发，原本以为自己考了第四的杨寘，发现自己居然名列榜首，成了人人艳羡的状元，他欣喜若狂。王安石得知自己中了一甲第四，虽然为自己没能进入三甲而略感遗憾，但想到名次也不错，不算辜负欧阳先生的赏识、好友曾巩的厚望，也稍感欣慰。

天下没有不透风的墙，科举考试万众瞩目，“状元易主”的事情本就富于传奇色彩，更何况这故事里的主人公：一个是平民书生，一个是宰相姻亲；一个是文章曾被文坛宗师欧阳修赞叹不已的才子，一个是曾在乡试、会试里连中解元、会元的学霸。就连故事里的配角，都是晏殊、杨察、欧阳修和当朝皇帝这样的大人物。一时之间，茶馆闲聊，小道消息，王安石夺状元、失状元的故事便迅速传开。

王铚在《默记》中记载了这件事情，并且感叹道：“然荆公平生未尝略语曾考中状元，其气量高大，视科第为何等而增重耶！”

“状元”之名，可谓古代士人心中最高的荣耀，得之足以欣喜若狂，失之足以扼腕顿足，而“夺状元、失状元”这样波澜起伏的经历，足以让很多目光聚焦于科举的年轻人，形成一生的心结执念。但是对于王安石来说，不过是一次考试、一个名次，一生如此之长，自己心中的经韬纬略难道就以写在这一张白纸上作为终结了吗？他的眼界不止于此，胸襟也不止于此，因而纵观王安石的一生，未曾再对这庆历二年（1042）的一场科举做过什么评论，对自己本应是“状元”的经历也没有任何自怨自艾。他赢得了人生，赢得了后人更多的敬佩。

发榜之后，榜上有名的新晋进士们还要参加一系列庆祝活动，游街簪花，赐宴题名，上朝谢恩，四处拜会，既是为年轻士子树立榜样，也是感恩社会对读书人的支持和贡献。更重要的是，从成绩发榜到朝廷正式任命各位进士具体职务还有一段时间，大家都趁着这段时间拜会重臣，打点关系，希望能够留在京城，有一个更高的起点。

但是王安石对结交权贵没什么兴趣，还是常常一人留在客栈，终日读书，与刚刚结识的进士朋友们谈论国家大事。他这种热爱读书、关心国家，又不愿意拉帮结派、攀附权贵的人，迅速吸引了一批志趣相投的朋友。名列第二的王珪、名列第三的韩绛，因为已是官身，所以也不怎么积极地寻求关系，对很多“吃相难看”的新任进士颇有微词，倒是遗世独立的王安石让他们都心生好感，几人常常聚在一起，谈论治学和为官的经历与心得。

几个月后，朝廷吏部的任命正式下达，状元杨寘授将作监丞，任颍州通判，王安石任淮南签判，要到扬州任职。任命下达后，士子们都陆续启程出任，但是不幸的消息却先传到了京城：杨寘的母亲在家乡病逝。杨寘悲痛万分，还没有来得及赴任，就先赶回家乡料理母亲的后事。母亲的一切后事料理完毕，杨寘也在大喜大悲之中病倒了。命运如此残酷，生活如此波折，杨寘又是一个容易出现情感波动的年轻人，他缠绵病榻许久，日渐羸弱，最终撒手人寰，时年 30 岁，不得不说是英年早逝，令人叹息。

而王安石、王珪、韩绛三人，这原本的“三元”，最后都在仕途的历练中，从基层走向朝堂，先后成为大宋的宰相，为国家尽忠效力。一榜之中，诞生了三位宰相，这在大宋的历史中也堪称奇事。

如果将一次考试、一次排名看得太重，那么也就把人生看得太轻了。历朝历代，诞生了多少个状元，但是最终能够为国家、为百姓做出些真正贡献，最终能够无愧于心、青史留名的，又有几人呢？如此看来，一次的成功不值得骄傲，一次的失败也没什么好痛苦的。只要你能够客观衡量自己的真正水平，坚定自己的理想信念，眼前的荆棘遍野或者花团锦簇又算得了什么呢？

娶贤妻，退美妾

王安石兴致勃勃地赴任扬州，但是到了任上，却大失所望。所谓“签判”，全称是签书判官厅公事，掌诸案文移事务。用今天的话说，基本就是为当时的淮南知州做高级秘书，收收材料，整整文件，工作非常轻闲，没有什么机会体察民情，更没有什么权力来施行自己心中的改革方略。这让原本兴致勃勃、觉得终于可以读书致用的王安石不禁有些失望。

但是更让王安石感到失望的是，他的这份无聊的差事还不算是整个衙门最轻闲的，还有很多地方官员平时根本不来上班，要么待在家中享清福，要么忙自己家中的农活和生意，但是一样拿着朝廷的俸禄。整个官僚体系人浮于事，大家工作都闲散敷衍，行政效率特别低下，国家每年要支出大量银钱给官府县衙，但百姓办事却依旧很不方便。

这样的行政僵局，是有多方面原因的。一方面，宋太祖开朝之初，为了巩固自己的皇权，杯酒释兵权，用优厚的待遇、没有兵权财权的闲职养起了大批官员。到了仁宗这代，很多职位已经成了朝廷恩赐老臣的一种方式，特别是仁宗皇帝以仁孝宽厚自居，这类职位就越来越多，甚至出现了官员得此任命，入职之后长期不去上班，只是定期差人去领领薪水，和同僚交流起来，彼此都不知道自己具体是什么官职、在哪里上班的荒唐局面。而稍有权力的职位，皇帝为了相互牵制，以求平衡，同样会设立好几个功能相似的职位和机构，相互制约，这样虽然皇权大大加强，但是整个行政体系的效率却越加降低，官员的工作热情和改革决心也在其中被日渐消磨。

另一方面，宋代的科举考试也比前朝更为轻松。科举自唐代以来日渐规范，传统考试虽然提高了公职人员的文化水平，但是久而久之，也形成了很多套路。因循套路，写出美文，取得名次，得到官职，成为很多考生应试的方法。而宋代科举的录取人数也大大增加。唐太宗在位 23

年，科举取士只有205人，人人都是精英；而宋太宗在位21年，科举取士就达到了将近10000人！人数众多，大家又都是套路取胜，能不能让真正的人才脱颖而出，就值得商榷了。

这些都造成了宋代官僚体系的冗余，官僚众多也就意味着朝廷的开支非常巨大。除了定期的俸禄，宋代还给官员非常优厚的福利待遇：茶叶、酒水、厨料、炭火、食盐乃至马料，都由朝廷供给。这样一来，朝廷在养官上的花销就更大了。朝廷的开销最终还是要转嫁到百姓的头上，百姓赋税不轻，各级官府的办事效率却十分低下，于是民间怨声油然在耳。

在这样的工作环境下，王安石一个人再怎么想锐意进取，也是孤掌难鸣。于是他整日闭门读书，有时也写信给家中的老母和兄弟。母亲吴氏收到儿子苦闷难言的书信，和几个儿子攀谈聊天之后，心里打起了小算盘：现在时局难测，边疆不稳，贸然鼓励儿子在政治上锐意进取，恐怕弊大于利，既然如此，不如先把立业的事情搁置一下。男人嘛，先成家，把家安顿下来，以后无论是进是退，都没有后顾之忧了。

吴氏私下打听，得知自己娘家的亲戚中有个

女孩子，芳龄 19，容貌端庄，性情温和，知书达理。她几次上门相看，觉得十分满意，于是自己做主，替儿子定下了这门亲事，修书一封，让儿子放下手头的工作，回家来看望母亲，同时也把终身大事给办了。

收到母亲的这封“催婚信”，王安石心里不禁泛起了涟漪。这一年，他才 22 岁，这个年纪放到今天来说，他还是个非常年轻的毛头小伙，但是在人均寿命较短、大家都早婚早育的古代，确实需要考虑终身大事啦！王安石虽然一直立志报效国家，常常独居书斋刻苦学习，但是也不是毫无情感的波澜。在王安石还是个十几岁的少年时，也曾经有过情窦初开的往事……

那时，他随父亲南下任职。江南水乡，莺飞草长，风光旖旎。但这个十七八岁的少年郎，却能够定住心神，不为所动，每日都一门心思在书房用功。这天清晨，王安石还像平常一样，打开窗子，拭净桌案，取来书卷，开始一天的早课。窗外，雨后初晴，空气中弥漫着淡淡的青草香气；巷口，隐约传来串街艺人悠长的吆喝；相距不远的江口，渔民们匆匆吃完了早饭，正三三两两地准备出海打鱼。

王安石学习了半个时辰，提笔蘸墨准备写写心得，却发现砚台中的墨汁隔了一夜已经干了。他懒得起身去客厅再为笔洗添水，抬眼看见窗外屋檐上滴滴答答落下的雨滴，于是灵机一动，手拿着砚台，扒在窗边，想去接屋檐下的雨水。

谁知雨滴看上去挺近，实际上却隔了好远，安石怎么伸胳膊，都还是和那儿串雨滴隔了一掌的距离。若是换成其他少年，干脆就放弃了，但是安石的拗劲儿上来了，非要接住不可。于是他换了各种姿势，又是探身，又是踮脚，足足试了一刻钟。正当安石专心致志地探索“接雨十八招”时，只听得旁边扑哧一声轻笑，吓得安石险些摔了砚台，他连忙缩回手，转头去看是谁。只见一个约莫十六七岁的姑娘，穿着一身淡粉的衣衫，挎着一篮刚采的碧桃花枝，伫立在街边，正目不转睛地看着他。显然，自己的窘相已经被她尽收眼底，估计她也是看了好久了。

王安石羞得满面通红，正当他讪讪地准备关上窗户时，那姑娘却轻巧地穿过小街，对他招招手，示意他再把砚台伸出来。安石不明白她葫芦里卖的什么药，但还是好奇地伸过砚台，使劲儿往前够，不过还是差了那么一点距离。姑娘从竹篮中取出一枝碧桃，灵巧地斜搭在雨滴和砚台中间。屋檐上的雨滴顺着碧桃的花枝，滴落在砚台之中。

两人就这么静静地站着，一个举着砚台，一个拿着花枝，雨滴从屋檐上缓缓落下，时间仿佛在这一刻静止了。

估摸着砚台中水已合适，姑娘移开花枝，雨滴重新滴答滴答地落在长街的石板路上。她本想将花枝重新放回竹篮，但略一转念，将花枝轻轻地放在了安石乌黑的砚台上。安石收回伸了许久的手臂，才发现手臂酸累不已。他开口欲语，却又愣愣地不知该说些什么。什么神童才子，居然一句话也说不出来，他现在才觉得自己像个傻瓜，只能眼睁睁地看着姑娘。姑娘低头浅笑，略一施礼，转身就要离去。

“娘子，”安石脱口而出，“谢娘子……滴水之恩。”

那姑娘忍俊不禁，并不答话，又一施礼，向着江边渐渐远去了。

桌头的砚台里，沾了碧桃花香的春雨，化开了浓郁的墨色。

那一日，安石再也看不进书，一张接一张地

练字，临的都是圣贤书，但满心都是桃花香。

那枝碧桃，被他养在盛了清水的青花笔筒中，小心翼翼地放在窗口。花开了七日，王安石再也没有见过那位姑娘。

庆历三年（1043），王安石任职扬州的第二年，奉母亲之命，请假回家操办终身大事。因为沾亲带故，亲上加亲，所以王安石的这位吴氏夫人和自己的母亲吴氏长得颇有几分相似，倒也符合王安石本人的心意。吴氏温柔贤惠，和王安石那种执拗的性格正好形成互补，两人的婚姻生活没有什么大起大落，和和美美。

吴氏生性恬淡平和，也从未想过自己作为官太太，该有如何的花销排场，讲究怎样的衣食住行，所以两人琴瑟和鸣。不过只有一点，让吴氏十分担心：她是个在传统封建社会教育中成长的女性，深深牢记三从四德、夫为妻纲，看到其他达官显贵又是逛青楼，又是喝花酒，生活得逍遥自在，自己的丈夫别说纳妾了，连出去应酬都很少，看起来整天操劳国事，没有一刻放松，真是太辛苦了。有时候，吴氏和其他家的夫人们闲聊，她们都很奇怪，按照王大人的官职，家中早应该安置几个娇婢美妾，现在却独守着一个夫人，“王夫人，你要多多关心你们家大人呀，后宅只有您一人，说出去，别人以为您不通情理、专宠善妒呢。”

这话让吴氏打起了小算盘，想到丈夫确实辛苦，纳妾在当时也算是人之常情。要说女人没有一点点的妒忌心和独占欲，那是瞎话，但是结婚这么多年，她相信以自家相公的人品，自然也做不出来宠妾灭妻、有违人伦的事情。于是在王安石 42 岁寿宴那天，她安排了一个特殊的“节目”。

说是寿宴，其实不过是个家宴，一家人在一起大快朵颐，把酒畅谈。酒过三巡，吴氏对王安石说：“相公，我知道你平时专心政务，但是今天是你的寿宴，为了给宴席添彩，我专门找了一个歌喉动人的女子，为你献歌助兴。”

王安石虽然对歌女舞女没什么兴趣，但是不忍拂了夫人的兴致，于是说道：“好吧，那就让她过来给我们唱几首歌吧。”

吴氏对身边侍女略做吩咐，一个年轻靓丽的女子怀抱琵琶步入厅堂，只见其身姿轻盈，面容秀美，见了王安石也并不胆怯，略一施礼，坐下轻调琵琶。流水一般的琵琶声缓缓奏出，女子的歌声却似从流水声中振翅而出，直达天际，柔美的嗓音中自有一份深沉的悲凉与高亢。

王安石听此歌声，觉得确实与众不同，不似外面的酒楼歌女，匠气有余而情感不足，这位歌女气质脱俗。于是他点头说："唱得的确不错，夫人好眼光！"

吴氏得到了鼓励，又给王安石夹了一只鸡腿，笑吟吟地说："相公，你再尝尝这菜，你看今天的菜，是不是也和往日不同？"

"唔……不错，不错。"王安石嚼着鸡腿说道。

"相公喜欢吃就好！今天的菜呀，也是这位姑娘做的！"吴氏趁机又说道，"相公，你来猜猜，这位姑娘是哪里的人？"

王安石这才放下鸡腿，仔细打量眼前的这个姑娘，她个头不高，身材纤细，肤白貌美。王安石又扫了一眼桌上的煨鸡、醋鱼、龙井虾仁和莼菜汤，问道："你是江南人？"

女子微微点头。

吴氏满意地说："相公，这是我特意为你买的小妾，你看怎么样？她人又漂亮，性格也好……"

"你这是要干什么！"王安石听闻此言，啪地把筷子一放，"谁教你这么做的！"

吴氏万万没想到，自己一片好心，却让丈

夫勃然大怒，不禁为自己辩解道：“我好心好意帮你纳妾，你怎么这么不领情！我还特意找了一位江南姑娘，想着还能符合你年少时的口味，平时你工作晚了，她也可以下厨添个可心的菜，做点好吃的夜宵。”

“乱搞！”王安石气鼓鼓地摆摆手，不让她继续说下去，正准备离席而去，却看见姑娘立在一边，眼泪在眼眶中打转转，于是他多问了一句：“看你的样子，也是个良家女子，怎么会到这个地步？”

听到这句问话，姑娘的眼泪一下子落了下来，她扑通一声跪在王安石面前，边哭边说：“大人，我娘家在杭州，去年刚嫁给江宁的一个军将为妻。可是就在两个月前，我丈夫从江宁押送一船粮食到京城，船行到京城外三十里的地方，遇到了风浪，满船的粮食都沉了江，船上的劳工也死的死，伤的伤。我丈夫侥幸活了下来，性命无虞，刚能下床走动，就挣扎着去漕运司请罪，不求脱身辩白，只求官府能够公正处理。谁知漕运司的官老爷不分青红皂白，也不管大宋律例，上来就让他赔偿整船的费用，要整整五千两……”

“我得到消息，变卖了所有家产来救我丈夫，可是带的钱还是不够，漕运司一点也不松口……我实在是走投无路，丈夫待我情笃意深，现在刚刚死里逃生，身体尚未痊愈，却被关在牢中，再有延误，实在是连命都要没有了……我断不能此时抛下他不管，只好……只好卖身救夫！”

姑娘说到这里，给王安石和吴氏磕起了响头：“承蒙夫人好意，我得以筹钱救夫，还请大人和夫人不要嫌弃！做妾也好，做婢也罢，我都不在意，只求大人不要将我退回，我实在也是没有办法了！”

王安石听闻此言，不禁动容：“夫人用多少钱买下了你？”

“一千两。”

“那你丈夫赎出来了吗？”

“加上此前变卖家产和向亲友所借，已经将丈夫赎出来了。”

“他现在人在何处，作何打算？”

“他现在……已经没了职位军籍，准备回到乡下，等养好身体，就种田为生吧……”说到此处，姑娘又忍不住落下眼泪。

王安石叹了一口气，想了想道：“这样吧，我明天派人去找他，叫他带着你一起回去。只是

从此以后你要跟着他过苦日子了，你可愿意？”

姑娘愣了一下，破涕为笑：“大人！小女子求之不得！还谢大人大恩大德！只是大人为我花了这么多钱，我们真是无以为报啊……”

“算了算了，我们虽然不是家财万贯，但是人命关天，这点钱还是出得起的。你丈夫虽然有失职之嫌，但是如此处罚也有些冤枉。我也去了解一下漕运司的工作，你们夫妻二人就尽快回去，好好生活吧。”

回到房中，吴氏闷闷不乐，虽然丈夫做了一件好事，但是自己的好心好意却被他当成了驴肝肺。王安石见状，又开导她道：“我知道夫人一片好意，看见其他官人有三妻四妾，也要给我纳妾，可是你看，你相公从来不解风情，不悦美色，这方面你就不要再想了吧。”

“我是想着，我们夫妻两个久了，你难免少了新鲜感……当初父母之命，媒妁之言，现在有了机会，你也能选一个可心的人嘛。”吴氏嘟囔着说。

“哎哟哟，你就是我的可心人啊！要说新鲜劲儿，我看，我们家这一个个娃娃都新鲜，天天都看不够！”王安石哈哈大笑，然后又说，“我们的大儿子王雱，还是我们刚结婚就有了的呢……一转眼，都长成十六七的大小伙子了，他正是初识人事的年纪，我们更应该给他做个好榜样，引导他不在男女私情上分心，将精力都投入到学问上去。”

没想到丈夫虽然平时不言不语，但对自己如此情深义重，对孩子和教育也颇为上心，吴氏的闷气早就烟消云散了，她为自己拥有和睦的家庭感到由衷的幸福。

治鄞县，试牛刀

一转眼，王安石在淮南任签判已满三年，按照朝廷规定，需要回京述职，然后朝廷根据他任职期间的表现，重新分配工作。很多官员借进京之机，都疏通关系，上下打点，希望能够留在京城。毕竟京城工作相对轻闲，而且能常常接触到皇帝与重臣，有利于以后的升迁，更何况京城繁华热闹，官员们的夫人、孩子相互走动，又可加强自己的人脉关系。

但是王安石却不这么想，在淮南任职三年，他自觉虽然了解了一些基层情况，但是对于怎么改变这些情况，还没能拿出有效的解决方案，也没有机会来尝试一番。所以相对于繁华的京城，在王安石的内心，他更期待去做一个切切实实的地方官。吴氏此时还带着小王雱，舟车劳顿来到京城很是辛苦，但是仍旧默默支持着丈夫的事业。

在京城述职之后，王安石耐心地等待着朝廷的任命，而京城人来人往，消息灵通，王安石也了解到了不少国内其他地区的情况。庆历六年（1046）到庆历七年（1047），天公始终不作美，气候反常，热浪阵阵。时值各种农作物抽芽长苗的关键时刻，但是北方却连续三个多月一滴雨也没有下。百姓耐不住干旱，已经开始了各种祭祀、求雨。甭管什么牛鬼蛇神，只要能让这天上下起雨来，救一救农民地上的这些庄稼，农民就信他。

王安石身在京城客栈，但是心却随着百姓一起，担忧着天气，期盼着下雨。五月的一天，原本十分炎热的天气，忽然变得阴沉沉的，大风骤起，看样子像要下雨了，大家都很高兴。入夜，天空中终于传来了隆隆的雷声，大雨滂沱，王安石不禁推窗望去：这下，老百姓可有救了！

但是没想到，第二天清晨却听见往来的人们都在议论：昨晚大雨，还未把旱地浇透，就下起了冰雹！特别是城外八九里的郊县，地里的庄稼全被雹子打烂了，拳头大的雹子把飞鸟都打死了。农民们本以为盼来了甘霖，却没想到竟是这样的结果！

王安石忧心忡忡，不禁写下了《丙戌五日京师作二首》：

北风阁雨去不下，惊沙苍茫乱昏晓。传闻城外八九里，雹大如拳死飞鸟。

浮云离披久不合，太阳独行乾万物。谁令昨夜雨霶沱，北风萧萧寒到骨。

过了几日，王安石接到了新的诏书，他被任命为鄞县县令。鄞县在今天的浙江宁波，依傍长江，濒临东海，作为江南水乡与港口城市，自然资源十分丰富。但是因为古代交通不便，鄞县距离京城路途遥远，因而国家鞭长莫及，治理起来有心无力。鄞县之地，实在是太符合王安石想要施展抱负的心愿了！于是他收拾行装，和妻子、孩子一同踏上了赴任之旅。

离开京城，南下鄞县，王安石途中发现，时隔几月，沿途的灾情非但没有缓解，反而变得愈加严重。因为旱灾，粮食颗粒无收，流民四起，逃荒求生。热闹一点的城镇市集，三三两两衣衫褴褛的乞丐围在酒楼食肆前讨吃食，有时候好心的老板拿出来一屉馒头，各路流民就蜂拥而上，一抢而空；而乡村的场面就更加惨烈，水灾之下，人们尚可躲进高地，旱灾之下，何止庄稼牲畜无水可活，连人也没有滴水可饮啊！饥民们已是皮包骨头，双眼无神，如同行尸走肉一般。想要活命，有的家庭就狠下心来易子而食！其情其景，即便是见过水灾灾情的王安石，也不禁痛心不已。

面对黄河以北这些苦痛的灾民，旅途中的王安石，同样用诗作记录下了他的感触：

河北民，生近二边长苦辛。
家家养子学耕织，输与官家事夷狄。
今年大旱千里赤，州县仍催给河役。
老小相携来就南，南人丰年自无食。
悲愁天地白日昏，路旁过者无颜色。
汝生不及贞观中，斗粟数钱无兵戎！

短短几年之中，王安石体会到了水灾、旱灾给百姓生活带来的痛苦。在两宋前后的 319 年中，各种自然灾害共计发生了 874 次，其中水灾 193 次，旱灾 183 次。而这次深深震撼了王安石的重大旱灾，甚至在《宋史·五行志》中都没有被作为大灾而记录。

鄞县地处南方，靠江临海，没有受到灾害的影响。但王安石从几次沿途见闻之中感受到，要想真正了解人民生活的状况，每天只坐在衙门里看简报是不行的。层层官员为了自己的政绩漂亮，总会发生瞒报或美化灾情的情况，而人民真正的疾苦与需求，只有为官者亲自走访才能感受到。

于是上任伊始，王安石就马不停蹄地让全县各乡村邑镇的官员带着自己走访不同的人家。一天，他来到一个村子，看见田地里的庄稼长势十分喜人。垄头上，刚浇完地的农民老汉正在歇脚，于是他走过去和老汉攀谈。老汉早就听隔壁几个村子的人说起，刚上任的县令王大人正在四处走访，没想到今天竟然来到了自家田地。

王安石在垄头上找了块平整地方，也像老汉一样，把草帽垫在上面，直接坐了下去，没有一点当官的架子，“看庄稼这长势，今年可是要丰收了？”

“不瞒您说呀，今年庄稼是不错，但是一年忙活完，能落到自己家里的……”老汉叹了口气，“也就能混个肚饱吧！”

“哦，这是何故？”

“大人，去年年成不好，今年春天该播种时，种子都没有钱买，我只好向村里的富户去借。但是人家哪肯白借给你哟！借一百，到了第二年，要还人家一百四。就这样，还是得有保人才肯借。您想想，再刨去要上交官府的赋税，还有零零散散的成本花销，能剩几个钱？”

“原来如此……”王安石不禁陷入了沉思，“那像咱们鄞县这片地方，经常发生旱涝吗？年成好有多少个年头，不好又有多少个年头？”

“这个啊，不好说。”老汉扳着指头算了算，“有的年头，是天公不作美，一连几个月，雨水不断，江水绝了堤，把庄稼都给淹了；又或者好几个月没有雨，庄稼生生旱在地里。这样的年头有倒是有，但是倒也不多。多的是老天爷下了雨，因为咱们这附近的河道好久没有疏通了，所以雨水多一点就涝，雨水少一点就旱。老天爷下雨，哪能天天都如咱的意？要是能把附近的河道给疏通一下，雨多了存住水，雨少了放点水，那种庄稼就容易多了。”

老农的话让王安石陷入了沉思：是啊，这阴

晴雨雪是老天爷掌管的事，我们没法让老天爷日日都如我们的意，但是能不能想想办法，动动人力，让农民种地不要再遇到这么多困难呢？

王安石一连寻访了几十位庄稼汉，了解到农业生产的基本状况。他回到县衙，立刻调集来这些年全县的各种账本、粮本，仔细与主管财务、税收、统计和基础建设的官员谈话，将本县的财政状况和辖区内常平仓的数量摸了个清清楚楚，然后提出了一个大胆的想法：

每年春耕，如果有农户需要借钱买种买肥，县衙以官府的名义向农户放贷，利率定在20%，也就是借一百，次年上交官府一百二。对于百姓来说，向官府借钱，既不用担心提前收债，利率又整整降低了一半，实在是一件大好事。而收上来的这20%的盈利，官府还可以投入到基础建设中去，兴修水利，规整农田，从而在根本上改变现在这种荒年难、丰年也难的状况。

这个想法一经提出，全县的官员们纷纷展开了激烈讨论，王安石再次和相关人员进行了细致周密的调研和安排。大家齐心协力弥补缺漏，将这一方案变成了一个条条款款可以遵循推广的办法，第二年开春，正式向全县颁布。

此法一出，农民们可高兴坏啦！以往的新任长官下基层调研，常常是和农民们交谈一番，表态一番，然后拍拍屁股回到县衙，做完样子，也就没有然后了。没想到这次王大人上任，却能真真切切地带来改变，而且是如此惠民的改变。百姓们除了积极参与这个方案的实施，也大胆地不断提出新的问题：春耕时官府借给农民钱，能不能搞得更为灵活一点？比如，很多时候收成不好，秋收交完苛捐杂税，就没有余粮了，只好吃了自己的留种，第二年才能再借款买种，能不能从秋收起就开放申请，让手头紧的农民从常平仓赊借、购买口粮，把自家的留种留到明年春耕？再比如，有时候春耕播种过后，庄稼刚刚长出青苗，天气或旱或涝，忽然需要生产资金救急，能不能把开放贷款的最后时间再稍稍延长，保证大家的农业生产？

王安石提出的这个“青苗贷款”，不但在实际的农耕生产中解决了农民的大问题，更重要的是，它打开了大家的思路，许多此前大家想都不敢想的方法，此时都被提出来尝试。原本只存在收税、交税关系的官府与农民，团结成了一条阵线上的战友，而借机敛财发家的豪绅富户就不能大发国难财了。

新方法在实施的过程中，也免不了出现各种各样的问题。因为官府利率大大低于民间利率，有些惯于钻营的人就想出了其他歪点子，他们假借农耕之名向官府大量贷款，然后或是想赖账不还，或是用这些钱到其他未开展青苗贷款的地方放高利贷，影响十分恶劣。于是青苗贷款在实施流程中，又增加了申请与调查的步骤，各乡的地方官在审批贷款时，需要验明该农户实际的耕种情况，考虑其偿还能力，然后放出符合情况的贷款。

青苗贷款，是我国封建历史上从来没有过的大胆举措，它实际上相当于我们今天的农业银行发放贷款的性质。它是由官府向农民发放的专项农业贷款，解决了农民在生产过程中临时性资金不足的燃眉之急，减轻了高利贷的剥削，从而促进了农业生产顺畅进行，防止贫富过度分化。

青苗贷款实施一年，农民的生产积极性被极大地调动了起来，全县形势大好，迎来了一个丰收之年。王安石高兴之余，又开展了新的举措：利用农民贷款的利息兴修水利，从根本上解决自然变化给农业生产带来的影响。

于是，王安石带着主管兴修基础设施的官员，再次去全县各地进行调研。他特别请教了几位年纪较大、经验丰富的老人家，听他们讲述之前的农业水利都有什么独特的方法。老人们告诉王安石，五代时期，这里是吴越之地，虽然文化落后于中原地区，但是统治者对水利建设却很有心得。官府每年都会对河流沟渠进行疏浚，还会修建专门用来蓄水的水库，定期根据需要更改河流的导向。这样一来，即使是稍微严重的水灾旱灾，农户们也能够扛得过去，而且即便是特大的洪灾来临，这些措施也能够极大减少灾害带来的影响，快速恢复农业生产，并且农民可以有效利用洪灾后的河滩肥地。

“只是这水利工程的规模可不小，而且工期长，见效慢。以前吴越的时候，统治者只有这么巴掌大一块地方，当然不辞辛劳地深耕细作。现在咱们大宋地方大了，皇帝照顾不到我们这个偏远之地，历任县令呢，又常常是干个三五年，就升官到别的地方啦，谁也不肯花费这个力气呀！”

王安石听闻此言，暗暗下定决心，无论如何，也要把这项利在千秋的事情做起来！

不久，他就上书上司知州大人，恳切地陈述

了兴修水利工程的重要性，请求上级批准。他还联合主管官员和经验丰富的老者，共同制定具体的兴建方案，然后盘点全县账目，规划出合理的资金投入水利建设，最后动员全县百姓积极参与，让每个青壮年定期参加一段时间的水利建设……有方案、有资金、有劳力，兴坝筑堤、开山引水，江河湖海的水源在人力的指引下，向着规划好的方向乖乖流去，一条条原本兴风作浪的恶龙，成了保佑农业生产风调雨顺的祥龙。

除了推行青苗贷款、积极兴修水利，王安石在鄞县任上，还设立了多所学堂，推动教育，培育人才。而就在他废寝忘食地工作的时候，他在鄞县降生的小女儿却因为感染了传染病，不幸夭折……这是王安石的第一个女儿，这件事也是他心中难以磨灭的伤痛。但在这种情况下，他忍住悲痛，将朝廷颁布的传染病治疗药方立碑树于县衙门前，方便更多的百姓传抄防治。他失去了自己的女儿，但是千千万万的百姓却因此活了下来。

鄞县三年，这片土地有他洒下的汗水和泪水，凝聚了他的欢喜与悲伤，承载了他作为大宋臣子所拥有的抱负和雄心，也承载了他作为一名父亲未能尽诉的爱意和温柔。三年过后，当王安石即将离任之时，鄞县父老无一不对这位敢想敢为的好官钦佩万分，在他离任之后，百姓专门建立了祠堂纪念这位特殊的知县。而对于王安石来说，鄞县也成为他心中永远的热土，成为他笔下不朽的诗篇。

群牧使，万言书

王安石从鄞县卸任之后，又一次回到京城述职。他在鄞县的三年政绩突出，考核成绩为上上等，因而被任命为舒州通判。舒州在今天的安徽潜山，通判的地位仅次于知州，有联署州府公事、监察州内官吏的实权，这个职务已经并非虚职，而是既有权力又有地位的官职了。事实上，早在王安石参加科举之时，因为欧阳修的赞赏、状元易主的风波，就已经引起了很多朝廷大臣的注意，他在鄞县的励精图治、锐意进取，也让朝廷大臣们对其赞赏有加，认定这个青年人可堪重用。

但是对于王安石来说，进入州的级别，官阶虽上升，但是和百姓的距离却变大了。县令虽然品级低，却是一县之长，全县的政务都可以听其指挥。朝廷虽然有各种法律条文、规章文件，但是落实到具体的事物之中，还是有相当程度的灵活性的。身在县长的位置，就可以实施很多在朝廷律例允许范围之内、又在原先僵化的行政习惯之外的各种改革。但是通判却不一样，其主要职责是辅佐知州工作，以及行使监察的权力。通判的日常杂务繁多，而施展才能的空间并不多。所以三年的舒州通判对于王安石来说，他并没有感到在鄞县时那样大展拳脚般的痛快淋漓。

三年过后，王安石再次回到京城述职。这次，朝廷不少大臣都觉得王安石在正职上能有所作为，在副职上又能安分守己，确实是个从政的好材料。于是，大臣们推荐他担任集贤院校理。集贤院是宋代的图书管理机构，类似于今天的国家图书馆。由于宋代对于图书、文化、学者很重视，所以这个“图书馆”的地位要比今天更高，甚至带有国家智库的性质。通常来说，想得到这个职位，需要地方官参加考试，再依据成绩选拔任命。但是由于文彦博等大臣的推荐，皇帝决定不用考试，直接提拔王安石担任。而且朝廷对王安石的任命特别说明，不一定要任满一年，一年之内也可以调任。这对于一个刚刚 30 岁的青年官员来说，是极大的恩宠了。

但王安石却不这么想，他还是想走入地方，干一些踏踏实实的事情，而不是留在京城做些虚头巴脑的文章。而且对于王安石，还有一些比较现实的问题：自己的祖母、两个哥哥和一个嫂子相继离世，两个妹妹还没有出嫁，家中有很多事务需要他操心，也有一些经济负担。如果留在京城，不但家里的事情鞭长莫及，无法照顾，而且把妻子、孩子接来，衣食住行，开销甚大，自己也负担不起。于是他连写两份奏章，辞谢这份恩宠，希望朝廷能够体察情况，将他外派出去。

大宋的行政体系中，本来就是人浮于事，候选的士人多，空缺的职位少，更何况是这样一个留京的好差事。而王安石能够如此淡泊名利，更让朝廷大臣们心生赞赏。最后，执政大臣欧阳修出面，请求皇帝把王安石安排到群牧司工作，担任群牧判官。群牧司依旧在京城，但是这个官职比集贤院校理略有升迁，工作待遇也比较优厚，可以帮助王安石解决经济上的困难，当然也方便京城的大臣们了解王安石的为人。事已至此，再挑三拣四，就显得不识抬举了，于是王安石接受了任命，到群牧司报到了。

群牧司，顾名思义，是管理养殖的机构，具体来说，就是指导全国各地的养马场和养马监。因为古代作战，骑兵主要靠马，马匹的多少直接影响着骑兵战斗力的强弱，所以群牧司当然也就得到了朝廷的重视，地位和待遇都很不错。但是重视归重视，养马一事，归根结底，还是比较轻闲的。

而轻闲的群牧司，此时却聚集着一批风云人物。群牧司的长官叫群牧使，此时的群牧使正是大名鼎鼎的“包青天”——包拯；而同样身为群牧判官的，还有小时候砸缸救人、长大后正直聪慧的司马光；再加上在朝廷上以政绩、在乡野间以文章闻名的王安石，这个群牧司可谓群贤毕至。

春深时节，群牧司院子里的一片牡丹花开了，可谓“唯有牡丹真国色，花开时节动京城”。姹紫嫣红的花朵，清新怡人的香气，让大家赞叹不已，驻足流连。一日，包拯组织各位司官赏花聚会，宴席就设在院中，大家坐在一起饮酒赏花，好好放松一下。平时百无聊赖的司官们听到这个消息都非常高兴，纷纷摆桌拿酒，宴饮欢歌，其乐融融。

包拯与各位下属一一碰杯交谈，他此时注意到，两位青年才俊——司马光和王安石——从不举杯饮酒，于是很奇怪："今天大家聚会，都来喝点酒助助兴嘛！两位为什么不饮酒呀？"

司马光和王安石都侧身答道："属下平日就不饮酒。"

"哎呀！不要拘束嘛！平日是平日，今日是今日，大家好不容易有机会齐聚一堂，开心一下，你们俩还这么严肃地坐在这里，段子也不讲，酒也不喝，这不是让大家也放不开嘛！"包拯挥挥手示意仆从为两人添酒。

两人连忙掩住酒杯，司马光说道："包大人，我们真的不会喝酒，不如请包大人允许我们以茶代酒，敬您一杯？"

"这可不行，"包大人站起身来，走到司马光面前，亲自给他斟满，"不用你来敬我，今天呀，我来敬你，这杯酒你干不干呀？"

自己的顶头上司已经发话，司马光也只能勉为其难地举起酒杯，一咬牙干了这杯酒。

包拯哈哈大笑，转而又对王安石说："那你呢？也来一杯吧！"

王安石不为所动，依旧淡淡地说道："属下

确实不会喝酒，还请大人见谅。”

最后，还是包拯自己找了个台阶：“想不到介甫如此坚持原则，可敬可敬！大家该饮酒的饮酒，该吃菜的吃菜，随意随意，不要拘束！”

这一顿饭，让在座所有人都领教了王安石的性格。只要是王安石认定的事情，他都会坚定不移地去执行，无论别人说什么都不会听。这种性格有好的一面，王安石能够力排众议，在地方上实行改革，做出成绩，靠的就是这份坚定的信念；但是，这种性格也有不好的一面，特别是在官场上，其他人都奉行“世事洞明皆学问，人情练达即文章”，相互之间互通有无，彼此照应帮忙，王安石就不会有这么多老练的技巧，而是遗世独立，成为官场上的一个异类，很容易招致非议。许多年后，当神宗皇帝想重用王安石，询问当时的大臣吴奎，吴奎就回忆起了当年的这一幕场景，最终向皇帝表示，自己并不看好王安石：“臣尝与安石统领群牧，见其刚愎自用，所为迂阔。”

群牧司虽然群贤云集，但是工作轻闲，王安石并不喜欢。王安石自认为年富力强，可以为国家做很多实事，天天闲在这里混日子，对于他来说，无异于慢性自杀。而且京城官员众多，宴饮聚会总少不了，王安石脾气执拗，不喜欢这样的应酬场合，和京官们的氛围格格不入，也让他十分痛苦。

身在群牧判官的两年多时间里，王安石前前后后写了十多封信函，请求朝廷调职，希望外放到地方。终于，在请求了十多次之后，朝廷尊重他的意愿，将他外派到常州担任知州。但是王安石来到常州还不满半年，就又接到朝廷调令，派他去做提点江南东路刑狱。又是不满一年，朝廷再次召王安石入京，任三司度支判官，进入国家财政部工作。

这一工作虽然接触不到基层的百姓，但是让王安石对国家整体的大政方针和财务状况有了更好的了解。正是在这样的一手资料和长期思索之中，王安石对大宋太平盛世背后的危机有了更为深刻的认识。于是，他忖度良久，动笔写下了长达万字的《上仁宗皇帝言事书》。

在这万言书中，王安石直言不讳地指出，大宋目前虽然依旧太平，但是已经面临相当严重的危机：国家财政困窘，目前的赋税已是相当沉重，百姓苦不堪言，不是国富民穷，而是到了国穷民穷的地步，迫切需要新的解决办法；四周外敌环绕，蠢蠢欲动，屡屡犯险，对大宋国土图谋不轨，而国内目前的兵力既不足以震慑外敌，又不能够抵御侵略；整个行政制度中官员众多，人浮于事，效率低下，机构冗杂，真正的人才被埋没。

在分析了这些问题的基础上，王安石认为，最重要的问题归根结底还是缺乏有能力、有魄力的人才，而想将这样的人才吸纳进行政体制，就必须从培养、管理、选拔、任用等几个方面入手。从培养上讲，现在的科举制度设立百年，考试的方式一成不变，俨然已形成套路，各地青年学子在备考之中都是死记硬背，没有真正思考，将知识转化为本领。相比上古时期，学生们学以致用，各有所长，我们还有很多可供改革的地方。从管理上讲，现在的基层官员俸禄微薄，养家糊口已是颇为拮据，若想获得体面生活，很多人就开始走歪门邪道。下层官场风气不正，直接危害到的就是百姓的利益。从选拔上讲，科举考试只以文章辞藻作为标准，很多具有真才实学的人因为不愿意拘泥于传统的文辞，而成为遗珠。从任用上讲，朝廷从不考虑官员本人的特长、意愿，随意选派，一会儿管畜牧，一会儿管财政，一会儿管司法，哪有人样样精通？而且每一次调任或长或短，官员在新的岗位上工作还没有半年，就又被调走了，对于这个职位与工作，其无法好好负责，对官员自身来说也学不到什么有用的本领。王安石在此基础上也分别提出了具有针对性的解决方法，建议从科举到任用，都要重视官员综合才能的评定考核，彻底改变现有的官员选用制度。

王安石的这篇文章在朝野上下引发了热议。有人觉得王安石平时不言不语，此时突然提笔万言，恐怕是惺惺作态，想给皇上留下深刻的印象，所提出的那些方法大而不当，没有可操作性。但是，也有相当多的人觉得王安石有气魄，有胆识，这篇文章也写得层层深入，条理清楚，万言如野马纵横驰骋，看得人热血沸腾，激动不已。王安石就在这一片争议声中，满怀期待地等待着皇帝的答复，但是一个月过去了，两个月过去了，皇帝不但没有任何相邀恳谈的行动，甚至连一句半句的回复都没有。万言热血，宛如石沉大海，王安石的心真是凉透了。

仁宗皇帝生性仁厚，惯于守成，不喜改变。

王安石的万言书并未激发他的政治热情，倒也没有触怒他。又过了一段时间，朝廷委派王安石和司马光共同修编“起居注”，也就是时时陪伴在皇帝身边，记录皇帝的一言一行。在外人看来，这是一个难得的好差事，可以近距离接触圣上。但是两个直脾气的人不约而同地齐齐辞官，司马光上了五道辞职书，王安石写了八封辞职信，但最后都是胳膊拧不过大腿，他们最终还是上任了。不久之后，王安石又被升为知制诰，也就是为皇帝起草诏书，同样是和皇帝关系密切，使命重大。但是，王安石虽和仁宗皇帝近在咫尺，却不能够向他讲述自己的政治理念，天天经手的圣旨如此之多，但没有一道是能从根本上改变大宋困局的方针政策。王安石身在政治中心，常常感到无能为力，这份痛苦简直难与人言。

嘉祐八年（1063），宋仁宗去世了。因为仁宗无子，原先过继来的侄子、濮王赵曙继位，成为英宗。这一年，王安石的母亲吴氏也去世了。王安石悲痛不已，辞去官职，扶灵回到江宁，安葬母亲。朝廷规定，官员父母去世，须守孝三年。这三年中，王安石安心守孝，读书探访。英宗早就听闻王安石是个难得的人才，等到他三年孝满，立刻连颁三道诏书，催促王安石归京。但是，也正是在这三年中，王安石通过观察，发现英宗也不是有志于改革的皇帝，与其进京担个虚职，还不如自己在家，落得个清闲自在。于是王安石坚持称病不出，留在家中安心休养，同时，他也在等待合适时机的到来。

第二章
变法改革

新帝出，选贤相

治平四年（1067）正月初五的清晨，各位朝廷重臣被内廷快马加鞭送来的圣旨宣进皇宫，此时，他们在皇帝的床前跪了一地，正等待宰相韩琦为他们拿个主意。

病床上的是继位还没满 4 年的宋英宗。宋英宗不过 35 岁，但是身体一直孱弱。仁宗在世的时候，就常常是皇帝和太子一同进补调养。整个太医院都小心谨慎，生怕让两位主子吃出什么问题。仁宗驾崩，英宗即位，情况稍稍好转了不到 2 年，就又急转直下。

英宗刚即位的时候，也曾心怀雄图大略，希望做出一番事业，但是无奈身体不好，常常生病，连基本的国事都没有精力处理，更不要说深入民情、求新求变了。但那时他还抱有幻想，希望自己能尽快康复，真正主持国家，所以未曾考虑立太子的问题。但是到了治平三年（1066），英宗的病情更加严重，大臣们规劝皇帝早日册立太子。英宗听了，非常生气，掀了桌子回绝了大臣们的提议。但是一气之下，怒火攻心，他身体却变得更糟了，几日之后，直接昏倒在了后宫。

这一次，英宗昏迷了好几日，等他睁开眼醒来，一直服侍左右的宰相韩琦委婉地进言道："陛下身体抱恙，久不上朝，全国上下人心惶惶，实在不是办法，可否请皇帝尽快册立太子，以安天下人之心呢？"英宗此时才不得不向疾病屈服。册立太子那日，英宗挣扎着从病榻上起身，艰难地在太监手上的黄绢上写下圣旨，册立赵顼为太子，写罢搁笔，不禁泪流满面……

转眼到了治平四年（1067），御医例行诊脉，发觉皇帝已经气若游丝，连忙向宰相韩琦讨主意。韩琦在殿前守了一夜，觉得已经无力回天，于是天刚蒙蒙亮，就立即传书各位大臣，待到大臣们进殿，英宗皇帝已经咽气了。

这一年太子刚满 20 岁，身为英宗的长子，他格外勤勉律己，学问、人品都早有佳名流传，被册立为太子也没有什么争议。自正式册立之后，他更是英姿勃发，积极上进。此时，他一踏进殿门，就让见惯了英宗一副病弱悲苦模样的大臣们感到了一股年轻的生机和力量。

“父皇——儿臣，来晚了！”赵顼大呼一声，跪倒在榻前，号啕大哭。然而所有人都隐隐感到，这哭声既是送走一个旧朝代的悲鸣，又是迎来一个新时代的啼哭。大宋的面貌，即将在这个年轻人的手中改变……

是年，赵顼继位，成为宋神宗。

赵顼从小聪慧过人，喜欢读书，而且不拘泥于儒家的孔孟之道，而是涉猎诸子百家。他博览群书，视野广博，思路开阔，能够形成自己独到的见解。18 岁那年，赵顼第一次读到《韩非子》，越读越觉得与众不同，于是将《韩非子》工工整整地抄了一遍。赵顼有时也会私下里接触大臣，询问老师，对当前的国家情况增进了解。大宋开国已有百年，近几十年来，皇帝们更是惯于守成，不思进取。原先的法度运行得久了，难免生出许多问题，如果不及时弥补缺漏，加以改革更新，就会产生许多问题。更何况，目前朝廷的财政问题已经迫在眉睫，民间贫富差距越来越大，社会问题越来越多，北辽西夏更是蠢蠢欲动。如果不改变国家的现状，王朝就要面临易姓的风险。

成长在深宫之中的赵顼，对民间疾苦的了解并不像行走各地的王安石那样深入直接，但是他对于国家遭受外侮的反应则比其他人更加敏感。从小，他就听老师们讲述祖辈征战天下、平定江山的故事，特别是大宋以二十万精锐部队，令西夏闻风丧胆、偏安一隅而不敢轻举妄动，更使他感到骄傲。但是转眼看到自己生活的这个时代，宋军不断被辽军击溃，最后还要向北辽纳贡以求和平，少年的心中怎么忍得下来！

年少的赵顼从那时起就立下志愿，如果有朝一日能够为国效力，一定要改变这种局面，强国强军，重整江山，恢复我大宋的雄风！

20 岁的赵顼登基成为宋神宗，作为决定打开宋朝新局面的皇帝，当务之急就是建立一个与自己志同道合的领导班子，辅佐自己制定、实施各项政策。

仁宗统治期间，国内歌舞升平，弊端还没有完全暴露出来，还有很多人觉得维持现状也并无不可。但是由于仁宗末年的无为而治和英宗在位的无所进取，局势已经变得十分严峻，改革之事已经不是只有王安石一人担忧的事情了。神宗即位一个月，大臣刘述就上疏，直言现在的天下就如同久病之人，肢体瘦弱，精神疲惫，气息奄奄已经不能自持，如果再不立刻救治，恐怕就要一命呜呼。没过多久，翰林学士张方平也上疏，表示现在国家实在是内忧外患，如果不图改变，依旧因循苟且，那么后果不是内陷饥荒反抗，就是外有边境之患。

但不久之前，范仲淹所领导的“庆历新政”的改革失败宛然在目，各项改革措施颁布不久就遭到巨大阻力，最终被迫废止。对于施政者来说，有什么比朝令夕改更为削弱威信的呢？有范仲淹、韩琦、富弼、欧阳修这样的治世能臣统领，改革尚且流产，天下的局面要从何做起呢？“改革”两字在朝野之间，已然成为敏感话题。这一次，要想改革，就必须选择一个更有坚定信念和政治魄力的策划执行者，谁能够担此重任呢？

宋神宗开始默默考察身边的大臣，想从中选拔一批可用之材。他最看好的，是三朝老臣富弼，富弼曾经参与庆历新政，经验丰富，德高望重，想必立场也是倾向于改革，所以他最先征求了富弼的意见。但是神宗没有想到，富弼一句话就封死了他的念想：“陛下登基未久，当布德行惠，谨守祖宗之法，愿二十年口不言兵。”神宗愣住了，他没有想到，原来庆历新政的失败给这位老臣带来了如此沉重的创伤，让他从一个锐意进取的能臣变成了一个不求有功、但求无过的臣子。岁月流逝，宦场浮沉，最终还是无情地在富弼的身上留下了印痕。神宗无法再苛求他什么，摆了摆手，让他退下了。

再环顾和富弼同一批的老臣，范仲淹已经去世多年，欧阳修也在庆历新政中受到了致命打击，表达了对政治的灰心，调任地方任职。曾公亮、文彦博虽然很有名望，能力也都有目共睹，但都年事已高，即便再有魄力，也很难开拓新的局面了。最年轻的韩琦，此时也已经 60 岁了，而且是三朝老臣，性格刚愎自用，在英宗驾崩、神宗即位等一系列事情上得罪了不少人，神宗刚一登基，弹劾他的折子就如雪片一样飞过来。神宗无奈之下，只好让韩琦先到地方任职，曾公亮代相稳定朝局。

神宗中意的还有司马光。司马光在中央和地方都做过官，经验比较丰富，名望又很高。英宗在任期间，司马光担任龙图阁直学士，修编了《通志》八卷，总结历朝历代功过得失，深得英宗赏识。神宗即位之后，也读了司马光修编的这套书，颇为欣赏，还把自己在王府中的两千多卷藏书都赐给司马光，供其继续修编使用，并改“通志”为“资治通鉴”，让他继续修编下去。但是毕竟司马光修编图书久了，究竟还有没有推进改革的信念和实施改革的能力，宋神宗并不确定，但仍旧将司马光列入备选之项。

除了司马光，神宗心中还有一人。他虽然远离京城已久，独自在家读书养志，但是神宗对他的渴求却一刻没有停止。这个人，就是王安石。

早在神宗还是个皇子的少年时代，他就与王安石“神交”已久。原来，少年赵顼的侍读官名叫韩维，与王安石同榜中进士的甲榜第三名、探花郎韩绛正是韩维的弟弟。新科进士参加各类活动期间，韩绛与王安石相处十分融洽，还带着自己的哥哥一同探望过王安石。韩维看过王安石的几篇文章，赞赏不已，觉得此人的道德、文章都是人中佼佼。因而，在担任皇子赵顼的侍读期间，他给赵顼找来了许多王安石的文章。王安石本来就文采斐然，文笔纵横驰骋，词句犀利大胆，观点独树一帜，让少年赵顼流连其中，品读再三。而王安石又特立独行，严于律己，刚正不阿，不愿意攀附关系，结交权贵，于是种种逸闻趣事传到赵顼的耳朵里，更让他对王安石其人产生了浓厚的兴趣。

英宗在位时，几次召王安石出仕而不得，神宗上任，心中也不免有些忐忑，他向韩维打探道："先帝在时，屡次召用王安石，其都称病不出，他到底是真的有病，还是有什么其他原因?"

韩维答道："仁宗的时候，他确实是家中事务繁多，为了照顾母亲，屡次谋求外任。英宗的时候，他刚刚丁忧期满，几年未能上朝，朝廷一下子给他一个大的官职，他如果贸然接受，肯定免不了受人议论。现在他家中已无拖累，对朝野的情况又相对比较熟悉，心中一直都有改革的想法，您又是求贤若渴、希望能闯出一番新天地的新君，此时如果召他出仕，我敢说他一定会接受。"

神宗听了，十分高兴，立刻准备将王安石召进京城。而这个消息，在其他臣子那里炸开了锅。曾公亮平素对王安石的清廉正直颇为欣赏，因而表示："安石的学识、品行、文章，都堪称纯良，可堪大任。皇帝务必以恳切之言辞拟定诏书，让他再无推脱之理由。"但是一贯是老好人的吴奎却发表了不同意见，他曾经在群牧司赏花宴上目睹王安石的执意拒酒，觉得他做事迂腐，固执己见，劝神宗说一旦此人担当重任，朝政必将混乱。这一正一反旗帜鲜明的两条建议，让神宗犯了难，于是在原先的宰相韩琦辞别京城之际，神宗又向他咨询道："您走之后，谁能承担起宰相的重任？您看……王安石怎么样？"

不料，韩琦立刻答道："王安石的才干，做个翰林学士绰绰有余，但是拜为宰相则气量不足。"另一个大臣孙固的想法也与韩琦不谋而合。

众说纷纭，让神宗认识到，王安石的确是个有争议的官员。他有才华，有个性，但这锋芒毕露的才华和个性，也为他招来了一批政敌。做宰相治天下，需要一位杰出的领军人物，但又不能只靠这一位人物，而是需要整个朝廷团结一心。王安石其人，能否担得起这份重任呢？

神宗思考良久，最后决定任命王安石为江宁知府，敦促他先进京面圣。王安石的才华、人品、性格究竟如何，在闲居山野的几年间是否有了改变，就待他进京来让大家看看吧。而满朝文武同样静静地等待王安石：这个屡次辞官不出的倔人，面对这样一个知府的职务和坦荡的仕途，到底是坚持隐退，还是出山接任呢？

会老友，现分歧

此时的王安石隐居江南，读书写作，授徒讲学，和年轻学子、同龄友人相互切磋，生活得十分逍遥自在。但对于王安石来说，没有了政事缠身，也没有了家事劳心劳力，面对着壮丽风光、大好河山，他心中所想的却是庆历新政领导者范仲淹的名句“先天下之忧而忧，后天下之乐而乐”，那种以天下为己任的责任感，激荡在王安石的心头。

但是，自己挥笔写就《万言书》，最终却如石沉大海，彼时已是灰心丧气。他托古言志，写下了著名的《明妃曲》：

明妃初出汉宫时，泪湿春风鬓脚垂。
低徊顾影无颜色，尚得君王不自持。
归来却怪丹青手，入眼平生几曾有。
意态由来画不成，当时枉杀毛延寿。
一去心知更不归，可怜着尽汉宫衣。

寄声欲问塞南事，只有年年鸿雁飞。
家人万里传消息，好在毡城莫相忆。
君不见咫尺长门闭阿娇，人生失意无南北。

王昭君本是沉鱼落雁、闭月羞花的容貌，但是因为画师毛延寿索贿不成，故意将她的画像画得丑不堪言，令皇帝断了召见她的念头。昭君美人如玉，只得嫁与胡人和亲，皇帝再是后悔，也没有用了。而边疆胡人茹毛饮血之辈，哪里有中原的文明和富庶，昭君的美貌与才华，就这样只在从宫门到城门这短短的一段路上，才被皇帝和众人发现，如烟花般绚烂地绽放后，就是长久的随风而逝。“咫尺长门闭阿娇，人生失意无南北”，无论是陈阿娇还是王昭君，还是我王安石，空有一腔热情、一身本领，却得不到帝王赏识，这是多么失意的一件事啊……王安石已经40多岁了，正是阅历丰富、精力充沛的黄金年龄，他能等到属于他的那位明君吗？

当宋神宗的诏书下达的时候，王安石的确是欣喜万分！宋神宗虽然继位没有多久，但是他的一系列举措却传遍了民间：先是丧事简办，再是下诏天下，寻求谏言，并且试图整顿吏治，严惩贪污……这些措施都表明，这不是一个庸庸碌碌的皇帝，而是一个锐意进取、有志改革的新君。王安石本来就对神宗充满了期待，神宗又如此迅速地召自己入京，他预感到神宗对他即将委以重任，不禁心潮澎湃，再也不托病不出，而是立刻接旨，带领全家重返京城。

来到京城，不少早年与王安石相识的朋友都纷纷前来拜访。王安石能够婉拒的，都一概婉拒，但是有一位老友，王安石却非常高兴地迎进门来，与之执手攀谈。这个人是谁呢？不是别人，恰恰是同样被神宗列入候选名单的司马光。

司马光来拜会王安石，同时也带来了几卷自己编撰的《资治通鉴》。早年在群牧司时，两人就常常共聚一处，探讨彼此文章的利弊，讨论天下的治乱兴亡。两人同样是博学笃思、目光高远，也同样都敢于坚持自己的意见，王安石的思路更加跳跃开阔，司马光的想法则常常更加深刻全面。两人有时相互补充借鉴，开拓思维，有时又针尖麦芒，相互辩论。这种肝胆相照的友情，自王安石老母过世其归家隐逸，两人分别之后，司马光已经很久没有再遇到了。

聊到《资治通鉴》，两人都起了谈兴。司马光说道：“这一套书，原来叫作‘论次历代君臣事迹’，是希望能够通过史书，借鉴历代政治的功过得失，以成今日的太平盛世。不过，我拿给英宗皇帝的时候，觉得名字太长，索性改叫‘通志’。这次，神宗皇帝又召我呈送，亲自将书名改为‘资治通鉴’，‘鉴于往事，有资于治道’，的确将我编撰此书的心意完全体现了出来！”

“司马兄，《资治通鉴》的确是皇皇巨著，在保留文献方面有重大的价值。”王安石饮了一口茶，又说道，“只是……我觉得，这书从周威烈王写起，并不能够完全展现古代仁王贤相天下大治的经验。”

“那依君之见，应当从何开始？”

王安石沉吟了一下，说道：“真正的圣明之世，还是在尧舜禹三代。三代以后，圣明的君王臣子也有，不过不但数量不多，他们的施政方针也不过是仿古而来，没有什么新的创见。”

“贤弟这么说，我可就不敢苟同了，”司马光皱起眉头，“统治天下，其实都是在原有的制度基础上加以增删调整，使之符合今时今日。自然有自然的规律，社会有社会的律法，这都是几千年来老祖宗总结流传下来的东西，也是我们做一切事情的基础。贸然改革，矫枉过正，伤及根本，恐怕得不偿失……君不见，从古到今，中国的三次大型改革，无一不是以惨败告终。第一次，商鞅改制，依我看来，揠苗助长，秦国一时得以迅速壮大，统一六国，但是一旦将商鞅的律法推广至全国，整个帝国就迅速崩溃了。第二次，汉武帝时，桑弘羊的理财之术虽然让国家脱离了财政危机，却又几乎招致内乱，于是实施不久也废止了。第三次，王莽新政，也是想要效法上古的井田之法，结果不到 15 年，连国家都没有了……”

“司马兄此言差矣，商鞅之法，在当时是非常成功的，只不过秦王操之过急，用之不当，后来变为严刑峻法。至于桑弘羊、王莽，那都是根本不懂尧舜之道，画虎不成反类犬，当然一败涂地。”王安石反驳道。

司马光语重心长地说：“我知道，你一心想要改革变法，但是你看看，庆历新政在前，是怎样一个结果？治理国家，重在安定，易弦更张，恐有内乱啊。”

“但是国家现在的状况，积弊已久，脓毒入骨，如果再不进行改革，恐怕这个国家……”

“我不是说就要安守现在的局面，太祖太宗

建立的规矩总体上还是好的呀，现在只要取法得宜，进行一些局部调整，总比伤筋动骨要好啊！”

“当前的形势，难道还是小修小补可以起作用的吗？冰冻三尺，非一日之寒，今天的弊端浮出水面，而水面下面，早已是如冰山一般的重重沉疴啊……”

“我看不见得。我看过你的《万言书》，你的改革方案总是正面相对，和现在的利益集团正面冲突，对你而言没有好处。改革方案要靠现在的官员来执行，触犯他们的利益，不但没法将改革落实到地方，而且朝野之中的反对声浪也会非常巨大。到时候，下层人民得不到实惠，上层官员又消极怠工，整个国家就乱套了。依我之见，从侧面做一些调整改良，一方面，像圣上如今这样继续打击贪污，震慑官员，让他们不敢再伸手；另一方面，削减不必要的官僚机构，节省官府开支，这样财政状况就能得到缓解。我们能够直接抓住行政体系的问题并加以解决，不必再通过官员进行基层改革。整顿吏治，节约开支，国家的状态就会逐步好起来。”

“你的思路太闭塞了，依我之见，节流之计只是一时之计。要想解决根本问题，还是要开源，要想开源，就要从基层、从最广大的农民百姓抓起……”

两人争论了半天，谁也说服不了谁。他们都是如此正直的官员，都以深沉的方式热爱着自己的国家，为国家目前面临的诸多问题而深深思索。但是他们又都这么坚持自己的立场，不肯为对方做出丝毫的让步，尽管两人一直以来保持着君子之交，曾经的历次争论也都是起于文章学问，终于书本学术，公私分明。但是这一次，涉及国家未来的走向，涉及自己的政治立场，明处的政见分歧，暗中的竞争关系，无法再让他们的争论公私分明。这场辩论不可避免地伤害了他们之间的友情，也为接下来大宋王朝的风云变幻埋下了伏笔。

越次对，坐讲学

宋代礼教普及，各种规矩也日渐烦琐复杂。对于士人来说，得到朝廷的任命，一定要辞官不受，才显得自己不慕名利虚荣，于是朝廷就要三番五次反复任命，最后士人才会接受。即便是皇帝，也要遵循这样的陈规陋习，登基之前，先要辞让三次，大臣们劝谏三次，最后才是“应群臣之请”登基。王安石以前也是因为反复辞官不受，所以才在士林享有清誉。但是这一次，新帝登基，以高位宣他入京，不少人还是很不服气的，有的人也在等着看这次王安石又要推让几番，而皇帝又会下诏几次。

但是出人意料的是，一接到皇帝的诏书，王安石就欣然应允，即刻赴京，让人大跌眼镜。不但这些围观群众觉得看了笑话，很多老臣也暗中议论，觉得王安石如此急不可耐，有损士人的形象，可见以前的几次辞让都是做做样子，抬抬身价，这次看见高官厚禄，立刻不再装作谦谦君子，此番出仕一定有着沽名钓誉之心。

但是王安石却不管这么多。一直以来，他都是我行我素，只要自己认准的事情，别人的议论从来不能够动摇他的行动。以前辞官不受，他或者是的确因为家中有亲人需要照顾，经济方面也有困难，或者是对岗位的确不擅长，自己不愿意在这样的位置上虚度光阴。现在积极出仕，也是因为自己的确有一番抱负，想要跟从明君有所作为，行于所当行，止于所当止，自己问心无愧就好。但是在封建官场上，人言可畏。自此之后，王安石与神宗皇帝之间一次又一次所做的他人眼中的“逾矩之事”，成为王安石变法道路上潜在的危机。

熙宁元年（1068）四月，已经入京的王安石受皇帝之宣，入宫觐见。按照宫中规定，王安石这个级别的官员，入宫面圣需要非常烦琐的手续，谈话的内容也有具体的限制，但是神宗皇帝见人心切，命令将这些繁文缛节一概免去，要求王安石即刻入宫。所以王安石与神宗皇帝的首次相见，又被称为“越次入对”，也就是逾越规矩，和皇上相对而谈。

这一天，王安石怀着激动而迫切的心情，跟随奉旨传唤的内侍，走过一道又一道宫门。从宣德门往北，即是恢宏的京都内城，走在这条宽阔、笔直的皇城大道上，王安石的心情十分复杂。想当初第一次来到京城，他站在南薰门外向里看时，自己就期待有一天能够昂首阔步走在这条大道上，一直向北，一直向北，进入皇城的宣德门，走到皇帝的面前，将自己的所有才华都贡献给皇帝，贡献给这个国家及其子民。不久之后，他以新科进士身份，随着其他同辈青年才俊来到朝上跪谢皇帝隆恩，此后十余年仕途波折，自己也曾为皇帝记录过起居，撰写过诏书，但是那种为国为民的满腔热情却始终无处挥洒。今天，新帝登基，立刻召见自己，王安石顿时感到无限的喜悦与期待，这一次，自己的抱负能够实现吗？

来到神宗皇帝面前，下跪，叩首，平身，赐座，神交已久的君臣此刻终于得以相见。神宗皇帝看到面前这个神采飞扬、目光犀利的臣子，想到自己年轻时阅读过的他的文章，不禁急切地询问："朕看过爱卿以往的文章著述，与朕颇有心意相通之处。现在大宋财政危急，边患频仍，朕想要重振我大宋国威，使百姓富足安康，使国土太平稳定，依卿之见，可有什么好的办法？"

王安石朗声答道："依臣之见，要想让国家得治，首先要找好取法效仿的对象，选择适合我大宋国情的制度、法规。"

"那么，哪个对象是好的范本，适合我大宋呢？"神宗想了想说，"唐太宗怎么样？朕一直听闻盛唐气象，万国归附，心中也十分艳羡。"

"何必以唐太宗为榜样呢？"王安石循循善诱地说，"唐太宗所治，固然繁盛，但是他的目光并不长远，所行的措施也不尽合法度，只是赶上了一个好时候，能够在隋朝的昏庸中揭竿而起，才得以执掌天下。而盛唐之后，子孙昏聩，无所作为；安史之乱，色令智昏。陛下年富力强，我大宋又根基深厚，理当目光更加长远，以保我大宋基业千秋万代，代代传承。”

“爱卿，你对大宋的一片赤胆忠心，实在令朕感动万分！朕如果想实现这样的伟业，究竟应当取法谁呢？”

“以陛下的修养和作为，理当效法尧舜。尧舜之道，简单明了又不繁杂琐碎，精妙得当又不迂腐不通，通俗易行又不难以实施，实在是很好的范本啊！”

“但是，朕翻阅史书，很多说是效法尧舜之道的变革最后都不免归于失败，朕年幼时请教大儒老师，老师们又将尧舜之道说得高不可攀……这尧舜之道，究竟该怎样学习呢？”

“那些末世中的学者，并未能真正理解尧舜之道的精妙之处，只是为了应一时之急，所以最终不能免于失败。而尧舜之道本身并非高不可攀，只要施法得当，尧舜之世，今日也是可以达到的。”

神宗若有所思地说：“尧舜之道固然好，只是我大宋先祖们制定的法规制度已经十分全面，想以尧舜之道加诸其上，又要从何改变呢？”

“祖宗法规制度虽然全面，但是自大宋开朝以来已有百年，朝廷政令松弛，官员得过且过，再好的法规制度，没有强健有力的实施，也终究会流于平庸。”王安石顿了顿，又说，“诚如陛下所言，近几年来，大宋财政吃紧，百姓受苦；边境不宁，军队疲软。现在想要重振国威、恢复盛世，就必须先富国，继而强兵。”

“如何富国，如何强兵？”神宗追问道。

“一来，现今天下的财富经过百余年积累，较之前代，并非减少而是增多。但是为何人民却日渐穷苦呢？臣以为，当今国家财政吃紧、民众穷困，实在是因为全国之财富都已经集中到了豪强大户、富商巨贾手中。因而富者愈富，穷者愈穷。归根结底，大宋并非没钱，而是财富的分配出了问题。”

“不是没有财富，而是财富分配出了问题……”神宗反复念叨并思考着这句话。

“对，”王安石继续说道，“二来，依臣之见，天下财富的总量只要施法得当，是会与日俱增的。比如，臣在地方任职时发现，风调雨顺的年景，官府收上来的粮食也不过勉强达标；而如果官府出资修建水利设施，调解旱涝，平整土地，再加上推广合理的种植方法，即便是一般的年景，官府收粮也丰裕顺利得多，百姓家中也能存有余粮，以供来年。如此计算，虽然水利开销不小，但观其盈利，何止倍乎？由此可见，只要国家的财政政策得当，财富就能够得到合理分配，还能够以财生财。举国上下，国富民强。”

神宗皇帝被王安石深入浅出的讲解深深打动，听得十分入迷，他一心想要的改革不就是这样的吗？他不禁向王安石再次追问道：“爱卿之见，朕闻之甚悦。尧舜之法，朕亦有心学之。但是祖宗之法，已守百年，百年之间，未有大事，想必也有其精当合理之处。若说改制，近年来老臣们阻力颇大，其问题归纳起来不过两个：为何改？如何改？就此两问，爱卿可否详细讲来？”

王安石沉吟了一下，意识到皇帝的内心已经倾向于他的改革之法，但是现实中的各种问题和阻力却也是必须面对的。这两个问题，他一定得好好作答，以平老臣之心，而此时天色已晚，恐一时不能作答。于是，王安石回答说：“陛下所问，是个非常复杂的问题，可否容臣仔细揣度，深思熟虑之后，写成奏章呈交御览？”

“好!”神宗皇帝拍手赞道,“那朕就等你的折子!”

回到家中，王安石在灯下抚卷沉思，随后提笔。他从大宋王朝建立的原因说起，谈及五代的战乱之苦，百姓久经折磨，渴望和平，太祖赵匡胤以雄才大略统一天下，安定民心，对内偃武修文，休养生息，对外以财资换和平。而接下来的太宗、真宗、仁宗、英宗皆是在此基础上维稳，因此，百年大业并未产生重大的变故。但是王安石笔锋一转，谈到多年来朝廷因循守旧，官员良莠不齐，虽然国君依旧克勤克俭，但是下面却日益民不聊生，整个社会在太平之中孕育着危机，一旦朝廷仍旧无所作为，不待他日，必将爆发乱事。最后，王安石鼓励神宗皇帝励精图治，“大有可为之时，正在今日”。文章一气呵成，王安石以他深入的观察、独到的见解、隽永的文笔，将自己的一片殷切化为这本《国朝百年无事札子》，呈送给了皇帝。

神宗看罢，多次召王安石入宫觐见，君臣二人就尧舜之道与唐代得失又进行了屡次探讨。越是与王安石讨论，神宗皇帝就越是觉得这就是自己想要找的人才，这就是自己想要重振国威需要的栋梁，于是神宗皇帝破例又颁一道圣旨，擢升王安石为翰林学士，让他将这些见解讲给诸位大臣们听。

任命 10 天不到，王安石就得圣旨入景灵宫讲学，许多大儒重臣还被专门召来听讲，神宗皇帝对王安石的器重，由此可见一斑。但是还没来得及开始讲学，景灵宫里就起了一场不大不小的风波。

皇帝为了表示尊师重教、对饱读诗书的讲学之士的重视，为王安石赐座讲课，其他侍臣则站立听讲。王安石刚欲坐下开讲，集贤院学士刘敞就提出了质疑："天子赐座，是表示君主尊贤重道，礼待士人，但是讲臣因此就势而坐，未免失礼。作为臣子，在君主面前站着讲话，以示尊敬，这是古而有之的礼节。可坐，而不坐，才能显出君臣双方的德行啊。"

刘敞是著名的饱学之士，常常直言进谏，不畏权贵。仁宗皇帝还在的时候，想为去世的宰相夏竦赐谥号"文正"，但是刘敞认为，夏竦虽然才干出众，但是人品不端，好弄权术，与"正"不符，他因此三次上疏反对，最终夏竦的谥号被改为"文庄"。仁宗的宠妃张贵妃去世后，被追谥为温成皇后，有善于察言观色的臣子提议将温成皇后的忌日定为国忌，仁宗本想顺势而为，但是刘敞又站出来发表反对意见，上疏进谏，仁宗只好作罢。这一次，刘敞出言，在场诸位大臣都不能视而不见。

韩维看到王安石的窘相，立刻站出来：“若论古而有之的礼节，真宗皇帝以前，讲臣一直都是坐着的，真宗乾兴之后，讲臣才站着授课。臣以为，皇帝赐座，讲臣遵旨，正体现了恢复旧制、遵古重道之心。”

把自朝的祖宗抬出来，谁还敢再反对？韩维此语一出，原先那些看不惯皇帝给王安石特殊待遇的大臣，一时想不出反驳之语。停了一会儿，老臣富弼缓缓开口：“讲臣站立授课，历经三代，已然成规。如今为了王安石重新破例，恐怕天下人会以为，陛下喜欢易弦更张，不利于稳定民心啊。”

富弼之语，意味深长。自从神宗皇帝登基以来，仁宗丧礼、越次入对，这些事件都显示出他不循古礼、有意改革的倾向。这句话看似是针对站与坐，实际上是质疑皇帝太过冒进，不够老成持重。

王安石身在漩涡中心，眼看原本应该用来演说的时间浪费在这些无足轻重的虚礼之上，心内焦躁不安，但是又不能为自己辩护，正当他深感无奈之际，一个年轻人走了出来，跪倒在皇帝面前说：“臣集贤院校书吕惠卿，本是辅助诸位讲臣的无名小卒，论品级位次，不足以在此发言，但是请皇帝容臣斗胆进谏。臣以为，真宗以前，命讲臣们坐着，真宗以后，命讲臣们站着，都是随情况而变，并未有成文的法例规定，更谈不上什么古之立法。如今各位大臣非要争一个谁是谁非，岂不是要评出祖宗们谁对谁错吗？”

皇帝嘴角露出一抹不易察觉的微笑，鼓励道：“你继续说。”

吕惠卿抬起头来，朗声说道：“容臣直言，我朝现今总有种不好的风气，为了一点小事就能左牵右扯，彼此攻击，重清谈而不重实干。无论怎么讲课，讲臣能充分表达他的观点，陛下和诸位大臣能够有所收获，这才是最重要的。今日诸位，如果是为了讲课的内容激烈辩论，虽到入夜仍不为晚，但如果只是为了讲课的形式就争论不休，依臣之见，实在是舍本逐末，浪费光阴。”

谁也没有想到，出面反驳老臣刘敞和富弼

的，竟然是一个小小的集贤院校书，从前听都没有听过的一个人，但是他贸然出头，跪而进谏，所言之事句句在理，一时令人无法反驳。神宗一面让吕惠卿平身，一面示意王安石：“这位爱卿的话不无道理，今日的争论到此为止。安石，你就坐着讲课吧。”

王安石从容就座，打开准备好的讲稿经书，将春秋大义娓娓道来。王安石本来就是少年神童，过目不忘，再加上青年勤奋，口才卓著，此时历经岁月和经历的历练，已经温润如玉而又锐气内敛，颇有大儒风范。如果说他的改革观点在大臣间还存在争议，那么他的学问、文采在众人心中却是毋庸置疑的。王安石将自己的观点，穿针引线地插入对经典的解读之中，一堂课下来，竟有不少原先摇摆不定的中间派转而倾向于改革之路。

一堂课结束，神宗先行起驾，诸位臣子纷纷告退，最后离开的王安石深深回望了一眼这个大殿。集贤院的几位校书正在整理着文稿，吕惠卿也在其中。这位几个时辰之前刚刚终结了一场轩然大波的青年，此刻仿佛什么也没有发生过一样，静静地履行着自己的职责。仿佛是感到了异样，吕惠卿抬起头来，视线正对上远处王安石的目光。

他悄然起身，对王安石再行一礼。王安石顿了一刻，也回礼于他。他们两人的命运，在此刻交汇，也在此刻改变。

组班底，行均输

熙宁二年（1069）二月，朝廷再次颁布谕旨，王安石由翰林学士升职为参知政事。这一职位在宋代相当于副宰相，与此同时，三朝老臣富弼官拜宰相。神宗皇帝的这一举动，让满朝文武皆深感意外。

要说神宗皇帝属意改革，决定起用王安石，这是人人都有所预料的，但是让老臣富弼任正宰相、王安石出任副宰相，则是很多人没有想到的。将这一新一旧两位臣子相搭配，既体现了神宗深思熟虑的一面，又显示了他天真理想的一面。说他深思熟虑，是因为他虽然一直以来都欣赏王安石，坚定地要实行改革，但是通过群臣的反应和这一年的接触，他也发现王安石有才干不过也有性格，并不是一个能与所有人都和睦相处的老练政客，更何况推行改革还会遇到更多的阻力。将老臣富弼安排为正宰相，一来他的资历深、经验多，可以帮助自己和王安石把握方向和力度，防止改革过于激进；二来富弼曾经参与过庆历新政，尽管他现在不再支持改革，但是在保守派中，其还是对改革派怀有同情和好感的。神宗皇帝这样安排也是希望两派人马能够通力合作，将改革引导到正确的道路上。

然而，这也是神宗过于理想化的一面。王安石要实行的不是查漏补缺的改良，而是改天换地的改革，他的满腔热情和决心非但不会因为阻挠而衰减，反而会愈加高涨。而保守派的众多臣子，面对皇上对王安石的信任，也不会毫无情绪、任劳任怨地帮改革派收拾摊子。这番用心良苦的安排，可惜最终还是要付诸东流。

但是对于王安石而言，在短短两年内连升几级，从辞官之前的知州升为知府、翰林学士、参知政事，绝对说明了皇帝改革的决心和对自己的信任。他的政治热情因而燃烧到了极点，他现在所要做的第一件事就是挑选人才，组成强劲有力的班底，开始制定计划，推行改革。

朝廷之上富弼坐镇，大多数人还是持保守态度，王安石想要寻求得力臂膀，就必须大胆起用新人。这时，那个“一跪成名”的集贤院校书吕惠卿登门拜访，毛遂自荐。

吕惠卿时年 37 岁，正处在欲有一番作为的年纪。他在集贤院工作多年，饱读诗书，学问扎实，胆识过人，行动力也强，在集贤院内以杰出的辩才而小有名气。而且，他对时局的变化也非常敏感，早先看到皇帝的种种试探性的改革举措，他就意识到，这个年轻气盛的新帝绝对不是像他父辈、祖辈那样的守成之人，一番新的气象即将在大宋的国土上展开。听闻神宗屡屡召见王安石，他便愈加肯定了自己的判断，开始四处搜罗王安石的文章著作，了解他的变法主张。直到王安石开讲时的“坐与不坐”之争，本来身处外围的吕惠卿抓住机会，果断上前跪而进言，在皇帝和王安石心中留下了深刻的印象。

王安石与吕惠卿一番详谈，觉得此人的确口才了得，而且对自己的变法主张了解颇多，也有独到的见解，心中十分欣喜，立刻视他为自己的得力干将。吕惠卿不但前来自荐，还向王安石推荐了另一位青年——集贤院校书曾布。

巧的是，这位曾布正是王安石的好朋友曾巩的弟弟，一个 33 岁朝气蓬勃的青年，他的才气比他哥哥更胜一筹，为人和他哥哥一样直爽热情。王安石早先就听曾巩说起过这个弟弟，这次在吕惠卿的引荐之下得以见面，同样是一见如故。20多年前，科考客栈中的一席对谈，仿佛还像昨天发生的一样，而今时今日站在自己面前的这个青年，更加英姿勃发，敢闯肯干。王安石于是愈加兴奋，有了这两位青年作为自己的左膀右臂，他对自己的变法事业充满了信心。

王安石率先实行的工作，就是创设制置三司条例司。

宋代开朝之初，太祖赵匡胤为了加强中央集权，对唐代以来的中央政府机构进行了改革，形成了“二府三司”的行政体制格局。“二府”，指的是政事堂和枢密院。政事堂又称“中书门下”，简称“中书”，是国家最高行政机构，最高职位就是宰相。枢密院简称“枢府”，是国家最高军事机构，最高职位是枢密使，和宰相平级。“三司”，指的是掌握工商收入和军火兵器的盐铁司、掌握财政收入和水路漕运的度支司，以及掌握户籍赋税和专卖权的户部司。三司作为国家最高的财务机构，最高职位是三司使，也叫“计相”，地位略次于宰相。政事堂、枢密院、三司相互独立，没有从属关系，从而达到相互牵制的目的。他们都直接向皇帝汇报，因而唯有皇帝一人可以掌握全国的政治、军事、经济情况，实现了中央集权。

但是这种三足鼎立的局面却也造成了诸多不便。政事堂不知道国家的军事、经济状况，枢密院不知道政事安排和财政多寡，三司则不清楚政务和军务上能有多少进账、多少开销，于是经常出现政出多门的状况。各部门颁发的条例有时在实施时不免互相打架，而老百姓遇到了问题，几个部门又互相踢皮球。

王安石想要全面地推行改革，势必要涉及多个部门，于是王安石提议创设制置三司条例司。这个机构超越于二府三司之上，打破了现有的政治格局。原先的二府三司，神宗皇帝为了制约平衡，常常新旧搭配。而王安石主张设立的三司条例司，则起用的都是新锐的改革派，是王安石觉得能够坚定不移支持改革的一批官员。

当这个安排下来后，保守派立刻炸了锅。谏官们纷纷上书，指责王安石设立的这一机构的权力凌驾于二府三司之上，名不正言不顺，破坏祖宗百年来的旧制，只为满足一人之权欲，实在是逾矩之为，要求皇帝责令王安石立刻取消这一机构。

有了谏官们身先士卒，保守派的各个大臣也纷纷进言上表，觉得王安石太过急功近利。同为参知政事的唐介，当时已经59岁，重病缠身，挣扎着入宫觐见，痛陈设置新机构的种种弊端，最后指责王安石说："介甫言必称尧舜之时如何如何，但尧舜在世，也未见心血来潮设立如此机构！"

王安石一听就火了，他说："效法尧舜是效法先贤的精神！照唐大人所言，难道二府三司也是尧舜之时设立的吗？如果没有历朝历代的改革，一味照搬照抄，那么请唐大人下次上朝入殿，也不要穿什么几品官服了，干脆还是穿着兽皮树叶好了，那才是尧舜时候的衣着。"说完后作揖向皇上告罪而去。

唐介为人耿直，王安石掌权以后，他是夜夜不能安眠，为大宋江山担忧不已，现在他抱病进谏，就是为了规劝皇帝，没想却遭到王安石一顿抢白。不过他看神宗的态度，似乎也没有盛怒之下罢免王安石的意向，倒是对王安石的一番话感到好气又好笑。唐介气不打一处来，回家之后心情更加抑郁，最后竟然一命归西了。

宰相富弼，也发现自己在这个领导班子中不过是一个挂名的，皇帝的心里早已经倾向于改革。历经数次宦海沉浮，他已经不想再参与其中，于是干脆告病在家，打算过自己的清静日子，眼不见心不烦。

朝廷上的这些纷争自然也传到了外面，于是京城中的人们送给这些高官们五个字：生、老、病、死、苦。“生”是指王安石来势生猛，锐意变法；“老”是说曾公亮年纪大了，不求有功但求无过，只想赶紧退休；“病”是说富弼身体不行，总是病假在家；“死”当然是指唐介被王安石活活气死；“苦”则是指另一个当朝大臣赵抃，遇事就和王安石争论，争论不过就叫苦连天。变法派的具体措施还没实施，民间就已经对朝堂上的风云说三道四了。

困扰大宋王朝的一大问题，就是财政。财政连年吃紧，人民穷苦不堪，更无从征收。朝廷没有银子，不但军费没有着落，连百官的俸禄都成问题，更别提办些建水库、粮仓之类有利于百姓的实事了。登基伊始，就要面对这样一个烂摊子，让神宗皇帝十分头疼。

王安石推行变法，自然而然就选择了财政作为首先解决的问题，这既是为了解决皇帝的担心和困扰，增加皇帝对自己和变法的信心，也是为了打开局面，平息争论，为接下来推行其他方面的改革提供经济和舆论上的支持。

王安石和变法派官员讨论许久，最终拿出了他的第一道变法措施：均输法。

京城开封是宋朝最大的城市，皇室成员、高官巨贾都生活在这里，离京城不远还驻扎着大量的军队，因此，整个城市每天需要的物资数量很大。为了保证大家的日常生活，朝廷专门设立了发运司，将全国各地供应京城的物资通过水路运送过来。

发运司最初只是承担水路交通协调的工作，后来也要负责对物资的征收管理。但是，在进行物资征收管理工作时，发运司的工作就显得混乱了，这是因为：一方面，发运司的工作人员并不擅长财物管理工作；另一方面，多年机械化的工作也令他们极为怠惰。朝廷已有的物资储备是多少，每年应该向地方征收多少，各个地方的年景和物价如何，发运司统统不管。他们每年都按照很多年前订立的数目征收，既无调查研究，也不愿深入思考。于是，从内廷到地方，整个物资状况非常混乱。

王安石上任之初，曾陪同神宗视察京城的仓库，结果发现仓库中堆积如山的陈年贡品缺乏合理的管理体系，数目混乱，不但造成了极大的浪费，而且硕鼠之辈比比皆是。其中，竟然还有70多年前江南进贡来的上好绸缎，因为长期不当存放，已经变黑发霉。神宗皇帝痛心疾首，连连摇头："原先听闻民间怨声载道，说朝廷横征暴敛，骄奢淫逸，腐化不堪，但是朕自问，从仁宗、英宗再到朕，皆是衣食住行一概就简，何至于民怨如此！今天一看，原来如此，原来如此啊！"

而均输法的制定，就是为了改变这样的现状。均输法总的原则是"徙贵就贱，用近易远"。"徙贵就贱"，指的是不再固定不变地向各个地区征收实物作为赋税，而是主要在灾荒歉收、物价疯涨、货币贬值的地区征收货币赋税，用这些资金到风调雨顺、物资充裕、物价较低的地区购买物资，从而通过税收，达到调节物资、平抑物价、稳定市场的作用。"用近易远"，指的是如果多个地区同时丰收，希望用实物来作为赋税，那么朝廷就选择距离较近、交通便利的地区购买，节省物流费用，也保证物资能够及时地运输到京城。

这样，通过均输法，原本只能靠本地市场调节的经济状况，就能够经由中央的信息汇总，在全国市场内实现流动和调配。无论哪个地方丰收、歉收，都能够有临近的地方相互调节，维持物价和货币稳定，既能保证京城的物资供应，又不会让赋税给地方百姓造成太大的负担。即便是天降大旱，运河水源枯竭，“用近易远”的举措也能够保证物资不断，同时沿途设立的仓库也能让物资得以合理、有效地保管。

均输法要想得到切实有效的实施，就要配套采取相应的行政体制：其一，就是将朝廷的物资情况与发运司相互沟通，建立定期的信息交流机制，方便发运司了解朝廷的仓储状况，所紧缺、所富裕的物资都是什么，根据实际需要决定购买的种类、数量和价格；其二，在发运司中设立专门的发运使，到各地调研丰歉状况和物价水平，同时每年给发运司拨发一部分专项资金，用于采购时垫付款项，“从便变易蓄买”。根据王安石的初步测算，这样的举措每年可以使朝廷节约三分之一的供应费用，还能收复民心、繁荣市场。

神宗看到这一方案喜出望外，立刻下令实施，并任命原淮安发运使薛向作为六路发运使，统管全局。薛向上任后，除了切实履行均输法的各项条例，还进一步改革了运输方法。原先，水运全部由官府包办，缺乏市场竞争和有效的监管，久而久之就出现了很多猫儿腻：押送货物的官员不但用官船运输私货，高价倒手牟利，有时还会直接偷盗官船物资，每当案发掩盖不住时，他们就打个报告，谎称船只遇到风雨，货物因而丢失受损，以至于朝廷每年的损失不计其数。薛向大刀阔斧实行改革，不用官船而雇佣民船进行运输。市场竞争之下，效率高、安全好、认真负责的民船能够被官府雇佣，一下子减少了开销和腐败。

但是，王安石的均输法却招致了保守派激烈的反对。在中国古代，“利”是一个让人讳莫如深的领域。王安石作为地位最高的士人，改革举措却是先从“利”字出发，还提出朝廷设立官员来从事货物贸易、到各地买进卖出，实在是不体面，遭到了各位言官大臣的诟病。

御史范纯仁率先上书，说均输法的实施简直丢尽了朝廷的脸面，朝廷和平民百姓争夺这点蝇头小利，将儒家的礼法放在了什么地方？范纯仁是大宋名臣范仲淹的儿子，在朝中极具影响，他一带头，其他大臣也坐不住了，苏轼和苏辙也跟着上书，说均输法与汉代桑弘羊的歪门邪道没什么两样，朝廷唯利是图，暂时可以获得一时之利，长久来看，必定损害国家的形象。最后，谏官吕晦的一封奏折彻底惹怒了王安石。吕晦一向以直言敢谏闻名，思想十分保守，屡屡以古代的君子之行要求他人，好几任宰相都被他上书攻击过。这一次，他对王安石的攻击较之以往有过之而无不及，他洋洋洒洒列出王安石的十大罪状，痛斥王安石为奸佞小人。这封奏折除了呈报皇帝，吕晦还公布给同僚，朝廷一时哗然。

神宗皇帝看见反对派如此不为国家和朝廷考虑，眼中只有仁义道德，完全没有经世致用，本来就已经非常生气，吕晦的奏折一出，满篇都是对王安石个人的人身攻击，纯粹只会分裂朝廷、扰乱朝政，根本不会对国家有什么好处，神宗更加怒不可遏。于是神宗下诏贬吕晦为知州，将范纯仁等官员罢官，即便富弼入朝进谏也坚持不变。王安石的第一个举措——均输法，终于在神宗皇帝的坚定支持下得以推向全国。

青苗法，遇风波

均输法只是解决了朝廷当前的困境，在王安石的变法思想中，想让国家焕然一新，得到全方位的改变，就要从最基层的农民、农业抓起。在这方面，王安石怀有最大期待的，就是将自己早年在鄞县任职时颁布的青苗法借助变法推行于全国。

王安石在地方任职多年，深深理解、同情民众的疾苦。近几年来，大宋的水旱之灾愈加频繁，农民根本积攒不出什么家底，他们一代一代都挣扎在温饱线上。民间高利贷的利息从当初的40％已经上涨到100％，农民越过越穷。如果朝廷能够将当初的青苗法推向全国，那么不但能改变广大农民的生存状况，20％的利息收入也能解决官府的财政问题，将这部分钱专款专用，用于平整农田、修建水利，那么对于农民的益处更是功在千秋。

但是，王安石也明白，从自己任职鄞县到现在已经过去了20多年，社会的情况恐怕也发生了很多变化，而且从地方到全国，青苗法具体实施起来也是一个很大的问题。于是在起草具体的法令之前，王安石先进行了大量的征询和调研。

发运司改革之后，神宗擢升了一批年轻有为的青年官员担任发运使。因为各路发运使行走全国，能够掌握地方的一手资料，所以王安石与他们的联系十分密切。这年，陕西路粮食储备不足，农民在麦苗刚刚出土的时候，青黄不接，无米下锅，急需钱花。陕西发运使李参得知这一情况，先让农民预估今年能收获多少粮食，然后用转运收购物资的资金先行借贷给农民，等粮食收获后，再让农民用粮食偿还。这样一来，农民不必向当地富户借高利贷，而且这些贷款连本带利都用粮食偿还，不必担心丰年粮食卖不出去，赋税的压力也相对减轻。

而八月末，京东转运使王广渊进京，他和王安石在相谈中提及，在京东一路，农民秋收、秋种时也特别缺钱，但是富户的高利贷农户们实在是借不起，百姓听闻朝中在实行变法，就问有没有相关的政策。转运使带来的这些反馈，让王安石更加坚定了自己的信念：青苗法绝对不只适用于鄞县一地，而是可以推广到全国。

当初鄞县青苗贷款在实施时，就出现了很多投机钻营的情况，如何综合这些实践中出现的问题，补充完善青苗法呢？王安石和吕惠卿再三商议，又增补了很多条款。为了防止有无赖农民借钱不还，造成坏账，他们把农民按照贫富结合，五户为一保，其中富农为保头，贫农贷款要有富户来担保。

苏辙是宋神宗钦点的变法队伍中的青年骨干，他的政治倾向一直是偏于改革，但是具体操作上又十分严谨保守，能够和激进的曾布、吕惠卿等人互补。虽然上次实施均输法，苏辙和哥哥苏轼一起上书反对朝廷与民争利，但是王安石还是比较尊重这个年轻官员在变法中的意见。王安石将完善之后的青苗法拿给苏辙，却没想到遭到了苏辙的再次反对。

“王大人，您在地方也曾任职多年，那里的徇私舞弊、贪赃枉法现象您不是不知道，朝廷鞭长莫及，有时根本无暇去管。这个青苗法，若论好不好，我说它是个好法，但是这个好法能不能好好地施行，就是另外一个问题了。新法到了旧官手中，如果监管、执行不到位，就又会成为他们巧取豪夺的一个手段。打个比方，您说利息20%，到了地方，很可能就被加价到40%—50%，甚至和高利贷无异。更甚者，有了官府文件撑腰，强迫并无需要的民众必须贷款，以增收益，也并非不可能的事啊！”

王安石听后，沉思良久，说道：“你说的的确有道理，容我再想想。”

从苏辙那里回来后，王安石好几个月没有再谈青苗法。虽然不再谈论，但是他的心中并非放弃了这个法案。一方面，他深知地方官吏的贪婪和狡诈，苏辙的担心虽然有些过头，但是并非全无道理，他也很担忧，万一青苗法执行不力，没有惠农，反而伤农。另一方面，他发现民众的确迫切需要官府出面，改变现在这种高利贷下一年不如一年、一代不如一代的困局。到底该怎么办呢？

最终，王安石反复权衡，还是认为青苗法利大于弊，决定先呈报神宗皇帝，在河北、京东、淮南三路先开始试行。

熙宁二年（1069）九月，青苗法开始正式在局部地区实施。老臣富弼听闻此事，深感自己已经被完全架空，不过是皇帝为了平息保守派而安插在宰相职位上的一介傀儡，自己反对也好，告病也好，皇帝除了哼哼哈哈地敷衍，再也没有什么实际行动。哪里像王安石，皇帝不但倚重信任，而且连王安石遭到谏官弹劾、按照常例称病居家时，皇帝也急急忙忙地罢免了一连串臣子，将他请了回来。三朝老臣，德高望重，此时此刻竟然失宠至此，这个宰相再做下去，也没有什么意思了！于是富弼递上了辞呈。

神宗皇帝收到辞呈感到十分为难，他还是希望老臣富弼能够好好待在宰相的位置上，这对于两派都是一个平衡。于是神宗按下辞呈，概不批准。富弼心意已决，连上九道辞呈，最终神宗皇帝无可奈何，将富弼召进宫来。

“朕知道爱卿心意已决，但爱卿且告诉朕，若是你走了，朕要任命谁来坐宰相之位？”神宗轻抚手中的茶杯问道。

“臣以为，文彦博可当此重任。”富弼对曰。

神宗沉默不语，缓缓饮茶，直到君臣将一杯茶饮尽，神宗忽然说道：“你走之后，王安石任宰相如何？”

富弼一时心如刀绞，自己已经三番五次进谏，皇帝非但不听，还要以此刺激自己，神宗真心器重偏爱王安石也罢，是想以此刺激自己留下占位也好，我富弼再也不管了，这一条老命还是给自己留着吧！他固执地沉默不语，无声地表达着自己的愤怒和反抗。

神宗挥手让他退下。次日，神宗的案头又多了一封富弼的辞呈，这一次，神宗大笔一挥，将富弼授职武宁军节度使、同中书门下平章事、判河南，改任亳州，让他闲居在外，遂了他的心愿。

不久之后，曾公亮出任宰相。

青苗法在各地推行之后，整个朝廷都在密切关注着地方的反应和效果。变法之初，农民们不知道朝廷这又是搞什么新政，为什么官家突然出来要贷款给他们，而且利息还要比富户低上许多。但是手中缺钱的百姓，在稍作犹疑之后，都纷纷尝试从官府借款，虽然各门各户最终借到的款项不尽相同，而且还有各种签字画押、要求保证按时还款的文书，但是银子到手，经济宽裕，各方面都灵活了起来。

然而问题也随之而来。看到百姓们如此积极地申请青苗贷款，有的地方官员偷偷加价，擅自提高贷款利息，从 20%加到了 30%、40%；有的官员不敢明目张胆地提高利息，就草拟两份文书，规定交给国库 20%，再交给县衙 20%；还有的串通地方上作保的富户，让他们作保时向贫农收取保费，然后官富勾结，瓜分钱财……

更多的地方官员则是从来没有操作过这么复杂、长期的经济工作，他们在任上得过且过已久，遇到如此烦琐的命令，采取了最懒、最省事的方法：“一刀切”。不管农民需不需要贷款，一概发钱，到了时间一概收取本息。这样一来，很多本来经济还算宽裕的农户，就不得不承担每年20％的利息，实在是一个很大的负担。如果农户到期不还款，官府就直接牵牛牵羊，扒房拆屋，或者干脆把户主抓入大牢。这样荒唐地折腾一番，最终从农户那里搜刮上来的利息竟然比勤勤恳恳、根据实际需求认真执行的官员所收到的利息还要多，在上司那里还会被认为工作得力而受到表扬嘉奖。

更有官员，或是实在懒惰不堪，或是私下里盘根错节地和地方豪强关系密切，他们只是把朝廷布告一贴，谎称朝廷拨款未到，让农户回去等消息。但是消息迟迟不来，农户没钱没粮的窘境可不等人，只好又去富户那里借高利贷，而这放高利贷的钱有时正是官员将朝廷贷款私挪给富户的钱，其中利息盈余，官员们除了上缴国家以应付差事，其余的就彼此分赃。

青苗法在地方一经实施，出现的各种问题立

刻被反对变法的官员们收集上报，一时之间，皇帝收到的进谏折子堆积如山。

几位朝廷御史依旧抓住王安石重利轻义这一点，称王安石的青苗法不但没有让农村借贷情况减少，反而让家家户户都伸手要钱，真是丢人。对于这种迂腐的进谏，神宗皇帝搭理都懒得搭理。

倒是几位在地方上任职的知名官员，也都纷纷发来奏章，提出自己对于青苗法的疑问。欧阳修时任青州知州，他先给王安石写了信，继而又给朝廷写了奏折。他认为富户放贷是十分利、四分利，官府的青苗贷款是两分利，同样都是收贷款利息，都是从农民身上取利，所谓一个是高利贷、一个是低利贷，不过是孟子所说的“五十步笑百步”，没有什么本质区别。如果要想名正言顺，让天下百姓知道获利并非朝廷本意，为什么不连这两分利都取消掉，只让大家借多少还多少呢？这样官府推行起政策来，自然会有民众支持。

欧阳修的建议听起来十分理想，也符合儒家的仁义之道，但是经济调控不是开班讲课，把好的理念讲给人们，人们就能接受。经济政策更重要的是，通过经济手段，对人们的贪念、恶念加以控制，对人们的善念加以引导。王安石也回答称：如果只取本金，没有利息，那么若有恶意欠账的，或者突发意外、生老病死、天降灾害的，有心无力，则本金就会折损；另一方面，如果没有利息，那么百姓不论是不是真的需要贷款，都会先借了再说，借的越多越好，如此一来，朝廷的款项很快就会用光，而真正需要借贷救急的农民就无钱可借了。

轻易不说话的司马光深思熟虑，也写就了一篇《乞罢青苗疏》的奏章，系统地阐释了他对青苗法的看法，以及对王安石均贫富主张的反对。司马光认为：富人之所以富有，是因为自己勤劳肯干，做事有计划，遇事有眼光，最终积累财富，成为富人；穷人之所以穷困，是因为好吃懒做，缺乏长远的眼光和规划。原先农村自己的借贷体系是自发形成的，有其合理之处，但是现在官府介入，贫富结合，富人为穷人担保，穷人得钱随便花掉，最后还要富人来偿还，这样下去，富人也会被穷人拖累，全天下就都苦不堪言了。

除了司马光这样深思熟虑的奏章，富弼、文彦博等散居各地的老臣也纷纷上书。因为身居地方，他们所提出的不像当时在朝廷上清议那样，对变法派都是些理论上的反对，他们的奏折是实打实地描述地方在具体执行时所遇到的各种问题。特别是各地“一刀切”、强制所有人都贷款的方法，给农民们带来了很大困扰。

王安石在这些反对声浪中安之若素，认为只要君臣一心，不被这些争论之声影响，力行到底，坚持一两年，自然能够看出成效，到时候这些声音也自然会消失。但是坐在龙椅上的神宗皇帝却不能这样高枕无忧，地方的反对声浪越来越强，一旦发生暴乱，以朝廷目前的能力实在是无法应付。他面对王安石的坚定，还是后退了半步：“这样吧，起草一道诏书，命令实施青苗法的各地严禁‘一刀切’的行为。一旦发现，严肃处理。”

这是为青苗法查漏补缺，还是对王安石变法造成的不良后果心有不满？王安石不得而知，但是他感到，日益增强的反对力量确实动摇了这位年轻皇帝的内心。

诏令颁布以后，反对的声浪渐渐减弱，但没过几个月，一直闲居在地方的三朝老臣韩琦忽然上书朝廷，以万余字的篇幅极言青苗法的弊端。原来，青苗法“一刀切”的现状在河北等地根本没有消除。韩琦还附上了当地官府强令百姓贷款的告示原件，证据确凿，如此一来，青苗法在地方实施中的种种弊端已经坐实，让神宗皇帝不得不信。

没过多久，青年官员苏轼也向神宗皇帝上书，反对王安石的一系列变法措施。苏轼本来就颇有文采，这本《上神宗皇帝书》更是他思考良久之后所作。变法伊始，苏轼、苏辙都属于中间派，苏辙还被皇帝视为可以争取的变法力量。但是王安石本人固执又强硬的作风，再加上青苗法实施之后的种种弊端，让苏轼觉得自己不能再沉默了。他反映的不仅是青苗法，还有王安石自当政以来的种种举措：创设制置三司条例司，令原本分权的二府三司互相干涉对方公务，行政体系更加混乱，大权不集中于皇帝，而集中于制置三司条例司的小吏；均输法，不但没有增加朝廷的收入，反而因为设置官吏、支付资金而加重了朝廷的负担，中饱私囊的现象仍然存在；更甚者则是青苗法，将农户分为五等，条件最好的一等户的贷款额度是末等户的十倍，也就是说，最不需要贷款的反而能拿到最多的贷款，如此一来，末等户拿不到足够的贷款，只能转而向一等户借贷，一等户将朝廷资金转手再次贷出，实际上是促进了富户盘剥穷户，根本没有起到王安石所说“均贫富，防暴乱”的目的。

如果说之前富弼、司马光、欧阳修等人的上书皇帝尚可搁置，那么韩琦与苏轼这一老一新两位臣子的进谏，皇帝就很难再置之不理了。因为前面诸人皆是早早就表态反对变法，对王安石与变法措施也早有成见，评论起来难免有先入为主的思想。但是韩琦和苏轼不同，韩琦是三朝老臣，思虑周全，做事果敢，更何况老臣韩琦曾经一手扶持自己登基；而苏轼早以文采闻名，年纪轻轻就有丰富的执政经验，说话做事也都颇为中肯。这两份折子递上来，神宗就不得不对青苗法认真斟酌了。

神宗皇帝最终决定青苗法暂缓施行。王安石称病不出，反对派一片欢欣鼓舞，天下可以继续过太平日子了。但是神宗皇帝一方面明里暂缓了青苗法，规劝王安石反思青苗法的疏漏之处，另一方面暗中安排心腹太监，速去京城周边地区了解青苗法实施的真实情况。

变法派受到重创，朝堂上，保守派就活跃了起来。他们都觉得，不但应该立刻废止新法，还应该连同王安石一起罢免，这样才能永绝后患。作为保守派的司马光，此时的心情是复杂的。王安石曾经是自己的至交好友，很多年前，两人初入仕途，因为脾气倔强而为他人不容时，彼此却是最能理解对方的人。即便王安石归乡安居，自己跟在皇帝身边辅政，两人的书信也未曾断过。但是，自从神宗登基，将王安石召来京城，一切就都变了……神宗不再像仁宗和英宗那样重用自己，王安石也不再是那个饱读诗书、忧国忧民的士人，而成了一心逐利、激烈变法的政客。自己的《上神宗皇帝书》，如此呕心沥血，竟然被王安石当着皇帝的面批为目光短浅，还说什么“削富户，均贫富”……王安石啊，你还是回到你的家乡吧，看看田间地头的百姓，看看这改天换地的变法，究竟是让农民过得好了还是更加苦了！

但是王安石“闭门思过”还不到三天，皇帝就让司马光起草诏书催他回朝。司马光接到皇帝的吩咐，内心久久不能平复，他忖度再三，假借皇帝的口吻起草了一份诏书，其中写道：

朕以卿材高古人，名重当世，召自岩穴，委以重任。与卿推心置腹，言听计从，待卿不可谓不厚，此人所共知。今卿推行青苗之法，天下不安，民心骚动，乃托病不出，此非大臣待君之道。卿之私谋，固为无憾，朕之所望，将以委谁？期照常视事，无用托辞！

这份诏书，哪里是神宗皇帝敦促王安石赶快出来工作，分明是站在保守派的立场上对王安石的口诛笔伐。言下之意是王安石你不要假装生病，如果不想干了，赶快辞职回家。司马光写完之后，长出了一口气，封好交给了皇帝。

另一边的变法派，虽然王安石称病不出，但是吕惠卿却借机活跃了起来。他为人机敏灵活，在宫中也有一些眼线，听说皇帝派心腹太监前往京郊调查青苗法的实施情况，便立刻安排自己的人马前往京郊，给当地农户一些银钱，让他们说两句青苗法的好话。

吕惠卿的安排多少起了些作用，太监们一路微服私访下来，觉得起码在京郊地区，青苗法并不像保守派奏折上说的那么不得人心，而且还有相当多的农民表示十分欢迎，应该推广到全国。即便农民可以安排，地里绿油油的麦子是一点都骗不了人的，看起来今年的农业状况确实不错。太监们将这一消息汇报给神宗皇帝，神宗皇帝心里又开始后悔了，本来自己是想上任伊始就有所作为，铺开局面，增加财政，改善民生，但是被这些当一天和尚撞一天钟的老臣们给糊弄了，错怪了王安石，看来新法还是有效果的。

正当神宗皇帝心中的天平偏向王安石之际，内侍又送来了王安石的一份奏章，神宗打开一看，不禁大吃一惊。原来，司马光将暗含春秋笔法的诏书起草好后，交给了神宗，神宗事务繁忙，无暇细看，就直接让人送到了王安石那里。王安石看到这样的诏书，虽然一看就知不是神宗皇帝的笔墨，但是皇帝能够允许保守派这样放肆，置君臣之情于何地？一气之下，王安石洋洋洒洒写了一篇长长的奏章，将皇帝诏书中的种种斥责一一反驳了回去，丝毫不服软，最后干脆提出了辞职。

神宗这才又找来那封诏书仔细审阅，发现司马光竟然借拟诏的机会这样没有分寸，不禁感叹，保守派、变法派，真是没有一个省心可靠的人！王安石好歹是称病不出，最多辞职不干，可是保守派这群人，又是阻挠改革，又是上书进谏，还借各种机会打压政敌，实在是过分。于是他满怀对司马光的不满和对王安石的愧疚，亲笔写了一封手谕，向王安石表达歉意：

上次诏中二语，乃廷臣所拟，朕未能详察，伤卿之心，念阅之，甚愧！

神宗皇帝还说，亲自派人调查之后，了解到青苗法在地方的实施状况还是不错的，他反复肯定王安石和青苗法的成绩：

青苗之法，朕诚为众论所惑，寒食假中，静思此事，一无所害。

身为一国之君，能这样低声下气地向一个臣子道歉，别说对于宋朝这些君臣，就是在整个中国历史上都不多见。经过这些动摇、反复、风波，神宗对王安石的感情，在欣赏和信任之外又增添了愧疚和宠爱。王安石拿到这份手谕，又何尝不心软？自己历经三朝，宦海沉浮，自然懂得有生之年得遇明君是多么可遇而不可求。况且，这是一个多么年轻而又朝气蓬勃的新帝，如此仰慕、倚重自己，能够让自己的抱负得以实现，在反对声浪中替自己挡风遮雨，承担压力……他年纪还小，被老臣们蛊惑也情有可原，自己真能扔下这么大一个摊子，甩手走人吗？

次日，王安石怀揣着这份手谕，挺直腰杆，扬起胸膛，重新走进了朝堂。

暂缓青苗法的诏令还没来得及向全天下公布，闭门不出的王安石就又怀揣圣上手谕复出了！政治风云变幻之快，大大出乎了所有人的预料。本来等着看青苗法被废除、王安石被免职的保守派，真是大失所望。

神宗皇帝和王安石重归于好，青苗法从地区推广到全国，变法派春风得意，吕惠卿暗自欣喜，再次趁着神宗皇帝高兴向前进言，申请对诋毁新法、谣言惑圣的大臣们加以查办。神宗心里也早对这些阻挠变法的保守派不满，于是将现任宰相曾公亮调去京兆府，副宰相陈升之被劝回老家为母居丧，苏轼、苏辙兄弟被贬官离京，主管进谏的御史台几乎被整个撤换，而变法派的李定、韩维的弟弟韩绛则进入了御史台。原先在地方处于半隐退状态的诸位老臣也没能逃脱被神宗修剪的命运，欧阳修被直接安排离职赋闲，韩琦被免去一项兼职，富弼则遭到了一番斥责。自此，整个大宋朝廷之上都已经换成变法派的自己人。王安石感觉阻力顿消，神清气爽，和自己的变法成员一起，摩拳擦掌地准备开始新的改革。

谁也没有想到，在这个时刻，司马光站了出来。

诏书之事，神宗皇帝虽然大为光火，但是与王安石重修旧好、冷静下来之后，他觉得司马光还是个难得的人才，只是没想到司马光态度如此激烈地反对变法。不过神宗在人事调动中还是没有将司马光罢官，希望再观察他一段时间。谁知这些压制保守派的调令一出，司马光竟给王安石一连写了三封信，最后一封甚至长达3300字，他对变法派的种种举措进行了全面的分析，一一加以批评。最后，司马光言辞恳切地劝告王安石：撤销制置三司条例司，停止青苗法，一切恢复旧制，才能让天下安宁。

王安石接连收到这三封信，一时间感慨万千。他与司马光相识于微时，对于彼此的学识、人品都非常肯定，甚至对大宋各项政策中的问题、民间的各种怨言疾苦，都有着相似的体认。但是偏偏在变法这件事上，一个保守，一个激进，两人又有着如此相似的执拗性格，谁都不会、也不能为对方后退半步。

收到第一封信时，王安石不作自辩。

收到第二封信时，王安石还是不作自辩。

收到第三封信时，王安石终于提起笔来，写了一封言简意赅的《答司马谏议书》：

某启：昨日蒙教，窃以为与君实游处相好之日久，而议事每不合，所操之术多异故也。虽欲强聒，终必不蒙见察，故略上报，不复一一自辨。重念蒙君实视遇厚，于反复不宜卤莽，故今具道所以，冀君实或见恕也。

盖儒者所争，尤在名实，名实已明，而天下之理得矣。今君实所以见教者，以为侵官、生事、征利、拒谏，以致天下怨谤也。某则以谓：受命于人主，议法度而修之于朝廷，以授之于有司，不为侵官；举先王之政，以兴利除弊，不为生事；为天下理财，不为征利；辟邪说，难壬人，不为拒谏。至于怨诽之多，则固前知其如此也。

人习于苟且非一日，士大夫多以不恤国事、同俗自媚于众为善。上乃欲变此，而某不量敌之众寡，欲出力助上以抗之，则众何为而不汹汹然？盘庚之迁，胥怨者民也，非特朝廷士大夫而已。盘庚不为怨者故改其度，度义而后动，是而不见可悔故也。

如君实责我以在位久，未能助上大有为，

以膏泽斯民，则某知罪矣；如曰今日当一切不事事，守前所为而已，则非某之所敢知。

无由会晤，不任区区向往之至。

司马光几千字的控诉规劝，王安石以寥寥数百字应之。每一指责，不多费笔墨，点到即止，然而又坚决果断，不容驳回。更就此感叹现在的士大夫阶层，苟且偷安，得过且过，对国事漠不关心，只会一味墨守成规。而自己采取变法，为国为民，如果因此让自己承受非议，那就随它去吧，我王安石问心无愧。

王安石本来就以文章见长，这短短一封回信之中，又凝聚了他对自己变法事业的坚定信念、对朋友不理解自己的痛苦自陈、对大宋现状的忧心与责任，笔力刚劲，语态从容，大家之风一览无余。后世很多年间，众人对于王安石及其改革措施各有评价，但是对这篇回信的文辞却都交口称赞。

以三封长信劝导王安石，这是已在朝中孤立无援的司马光对自己政治立场所做的最后努力，但是，这个努力还是失败了。王安石的冷淡与坚定终于让他意识到，所谓“好友”只能留在昔日的回忆当中了。

几个月之后，朝廷风波平息，神宗下诏提拔

司马光为枢密副使，希望他能够配合王安石，共同为朝廷效力。然而司马光得诏，入宫觐见神宗，不为谢恩接旨，而是请求离京外任。

几天之后，司马光以端明殿学士身份知永兴军，调任西安。离开京城的时候，司马光的身旁放着他的心血之作——《资治通鉴》。回想起三年以前，自己朝思暮想的挚友王安石奉命入京，自己就是带着这套书，兴致勃勃地找他讨论，但也正是在那时，司马光发现自己和王安石在政治理念上已经产生了分歧，谁料在此之后，两人竟然渐行渐远，最终分道扬镳。今日，王安石已经拜相，而自己将抱着这部还未修完的《资治通鉴》，离开这座熟悉而又陌生的都城。

自己年轻时崇拜景仰、得到过他的赏识与夸赞的欧阳修，离开了；与自己无话不说、惺惺相惜的好朋友司马光，离开了；充满了自己年轻时的影子、有文采、有傲气的年轻兄弟苏轼和苏辙，也离开了。一时之间，王安石的内心感到了一丝蹉跎与苍茫，或许，这就是政治吧。

免役法，君臣义

青苗法得到基本推广以后，王安石开始着手

改革宋朝的另一大积弊：差役制度。在宋朝，只有知县、知州这种地方主要领导是由朝廷任命的，基层官府里的一般工作人员都是让普通百姓来做。每家每户除了纳税之外，还要根据户等的级别，轮流到官府当值服役。这些工作都是义务工，责任却十分重大。

比如“衙前”，负责运送官府物资，看管公共粮仓，管理官府后厨。如果财物丢失、被盗，或者运送过程中遇到自然灾害而使得财物遭受损失，都要当差百姓自己负责赔偿。很多人本来对这一工作就没有经验，一旦出了问题，往往赔得倾家荡产。还有“里长”，相当于农村的文书、会计，负责到各家各户催交赋税。农村的百姓本来日子就过得紧巴巴的，丰年的赋税还好收一些，到了饥年，农户跪倒在自己面前，求着少收一些赋税，对于一般人来说，遇到这种场面怎么狠得下心来？所以心软的人都不愿意做这类工作，最后愿意去做的常常都是心狠手辣、借机敲诈勒索的人。除此之外，还有承符、人力、手力、散从官等职，相当于官府临时需要的各种壮劳力、技术工和管理人员；而耆长、弓手、壮丁等，看名字就知道，他们是负责乡村治安管理的。

如此繁多的职务，都需要分派到每家每户去完成。对于百姓来说，负担实在很大，特别是赶上春种秋收等农忙时节，如果家中的男丁被抽调到官府做工，那么连基本的农事生产都会被耽误。对于官府来说，每次来承担工作的，都是除了种庄稼什么都不会的农民，缺乏相关的知识和技能，工作起来特别费劲，而且定期轮换，相当于过一段时间就换一个新手，官府的工作效率也十分低下。

宋朝的差役制度的弊端早已显现，就连司马光、苏轼、苏辙也都曾上书朝廷，反映相关问题。王安石和吕惠卿、曾布等变法派骨干多次商议，反复征求意见并加以修改，终于制定了一份切实可行的计划，准备改革大宋建立百余年来的摊派差役制度，这就是“免役法”。

免役法，简单来说，就是以前承担徭役的人家，现在可以不直接出义务工，而是缴纳一定的费用，由官府出面雇人来承担徭役，被雇佣的徭役相当于官府临时工，有基本工资作为收入。

为了避免青苗法实施时在地方出现的“一刀切”的状况，这一次，变法派认真增添了很多补充说明：对有特殊职业要求的职位，雇佣时要进行测试，弓手试武艺，典吏考书写，然后根据工作量和重要性给以不同的工资；运送物资、看守仓库等职责，改由士兵承担，每月薪资三千文。——以上几点，是为了提高官府的工作效率。以前是四等户以上都要服役，现在是三等户以上承担主要徭役或缴费，其他户承担少量费用；原先不承担徭役的官宦人家、寺庙道观，因为也享受了差役带来的公共服务，所以现在也需要出一定的“助役钱”；各州县在计算徭役费用时，按照 120% 来计算和分派，留有一定富余，以备灾年的不时之需，或者留作公共事业的建设费用。——以上几点，是为了让徭役和役钱合理分派，一定程度上也体现了缩小贫富分化、鼓励基础设施建设的思想，利于社会长久的发展和稳定。

可以说，免役法的出炉对于当时的社会有着非常重大的意义。从实用的层面看，由原来只用最基层的百姓来承担徭役，改为全社会的人都来参与，有助于减轻农民负担，缩小贫富差距。有钱出钱，有力出力，承担徭役的人也不再是义务工、新手，而是有工资、有技能的人，促进了社会劳动力和资本的合理流动与分配。从历史发展的角度看，这是第一次由政府大规模推行的制度化、体系化的雇佣劳动现象。用有偿的雇佣代替无偿的劳役，一方面解放了劳动力，劳动力可以在经济效应的作用下，自主选择是下地劳动还是到官府当差；另一方面，劳动力也成为可以被购买的对象，进入了商品交易的市场，促进了商品经济的发展。

王安石对免役法比对青苗法更加看好，他自信满满地将方案交给神宗皇帝，神宗立刻宣布先在京城周边地区试行。但是没想到，蛰居各地的保守派们还是没有死心，听说免役法即将推行，又立刻向京中传书。

司马光在《乞免永兴军路青苗助役钱札子》中，一改前些年向英宗陈述徭役制度的弊端、要求官府改革制度的恳切，而是声称受雇之人都是浮浪之人，找他们来看仓库，肯定会监守自盗，找他们来做公务，肯定会很不负责，一旦出了问题，他们就会逃之夭夭……所以请求在自己管辖的永兴军路内可以不实施青苗法、免役法这类改革措施。这些言论简直逻辑不通，官府收了徭役钱来征募合适的劳力承担工作，谁会主动聘用毫无技能和责任的人呢？特别是札子中有些观点，完全和他上书英宗时自相矛盾，自己就可以驳斥自己。

苏辙则在《制置三司条例司论事状》中写道："役人之不可不用乡户，犹官吏之不可不用士人也。"在汉代以前，中国的人口结构中占绝大多数的都是农民，所以徭役由农户承担也没有什么问题。但是宋代以后，商品经济发展，城市市民阶层兴起，财富逐渐从农民转移到市民，这时，如果还把繁重的劳役一概推给农民，那么不但是在压榨底层农民，而且也会耽误农业生产，不利于社会稳定。全社会共同承担公共服务，原本就是更好的改革方向。苏辙的言论说到底，还是站在市民阶层不满王安石的变法，让原本不承担徭役的官员、富户开始承担役钱。

但是王安石的改革还是很有策略的。在青苗法实施的过程中，他深刻理解了理想与现实的差距，明白了变法在实际实施中可能遇到的各种问题。因而，在免役法制定之初，对于原先不承担徭役、现在又需要交纳助役钱的官户、市民，规定的费用只有农村的一半，对于他们来说，负担还是很轻的。连神宗看过方案，都觉得太少。但是王安石解释道："对于这些人，这次收取的钱的确不多，这是因为现状所迫，权宜之策。缴纳的钱少，相对来说就好执行。否则，官员带头破坏法度，拒不执行，制造舆论，市民相互纠结，集合闹事，都会影响变法的大局。”王安石从原先固执己见，逐渐在变法中学会有所权衡，头脑非常清醒。

但是即便如此，保守派还是坚决反对免役法，几乎已经达到了不考虑实际情况——“只要王安石坚持的我们都反对，只要王安石反对的我们都坚持”这种地步。在屡次上书、口诛笔伐都不见效的情况下，保守派的某些人竟然暗中做起了手脚。

这一天，王安石正在家中休息，忽然听到门外一片喧闹。原来门口来了一大批农民，把宰相府围了个水泄不通。他们一面向街上的围观群众叫嚷免役法多么压榨百姓，一面吵吵着要见宰相王安石本人。

门外的人越聚越多，喊声震天，府中的家眷前来请示王安石：“门口的人围得实在太多了，这样下去很不安全，说不定什么时候就要砸门而入了。”

王安石系上衣带说：“我出去看看。”他不顾旁人劝阻，亲自出府，要去问个究竟。

当王安石的身影出现在门口时，熙熙攘攘的人群渐渐平静了下来。面朝黄土背朝天的农民好奇地打量着这个一品宰相：他穿着一身居家便服，衣服已经洗得发白，面色黝黑，眼圈发青，看上去尽管疲惫，但仍十分和善，不像是传说中以变法惑乱天下的奸臣啊。王安石同样打量着这些百姓，想必他们确实是有问题要上告，不是故意造出声势、造谣生事的群氓。

农民们你推我，我推你，最终选出了一个代表，上前对王安石说道："我们东明县的县令说，免役法要重新审定户等，然后把我们县几千多户人家从四等改为三等，要多交一大笔徭役钱，我们交不起钱，当官的又说他们只管执行，有问题就去上面反映，我们这就来到了宰相大人您这里，要讨一个公道！"

王安石一听，觉得非常蹊跷，免役法从不涉及重定户等，显然是执行过程中出了什么问题。他又细细询问了一番，安排仆从将几个表达力好的农民带到文书那里，把所描述的具体情况一一记录在案，最后安抚道："大家反映的情况，我都记下来了。我可以向大家保证，免役法在颁布的时候，绝对没有要求官员将原有户等抬高以多收役钱。这个情况我会尽快调查，一定给大家一个满意的答复！”

待文书将农民的笔录呈上，王安石仔细看过才发现：原来在这个京郊的东明县，在免役法试行之后，确实将一大批农民的户等擅自提高，而且还夸大需要的劳力和资金的预算，强行将这些高额免役钱摊派给百姓。等民众聚集起来，到县衙讨说法时，衙门的官员却说，管事的县令刚刚被调到京城的枢密院去当大官啦，要反映问题也不管用了。百姓们气愤难耐，这才集合起来，跑到京城，要为自己讨还公道。

不查不知道，一查吓一跳，这位在免役法中消极怠工，甚至有意混淆视听、激起民愤的县令，叫作贾蕃，是名臣范仲淹的女婿，也就是反对变法的范纯仁的妹夫，而且还是保守派大臣、枢密院一把手文彦博的门生。范纯仁和文彦博此前都因反对变法，被皇帝或贬或骂，自己不便再次出面，于是暗中安排贾蕃在地方执行上做做手脚，造成民怨沸腾、抵制新法之势。王安石再一细查，这位贾蕃，此前就曾利用青苗法瞒报收入，私吞公款，实在是劣迹斑斑，即便如此，这次做完手脚之后，却立刻被文彦博调到自己治下的枢密院，贪赃枉法，结党营私，证据确凿，是可忍孰不可忍！

很快，王安石将情况反映给司法检察部门，贾蕃随即锒铛入狱，东明县也换了一位认真负责、清廉爱民的新县令。王安石还想让监察继续调查文彦博，但是神宗皇帝看在文彦博也是几朝元老的份上，召来斥责了一番，也就压下来了。

虽然在京城发生了影响甚大的东明事件，但是这一次，神宗皇帝自始至终都坚定地站在王安石的身边，最终的结果也证明，这场群体事件的确是有人别有用心策划的结果。经过这一次风波，王安石与宋神宗的关系更加紧密了。

早在熙宁三年（1070），朝野上下因为青苗法而激烈斗争的时候，神宗皇帝虽然时有犹豫，顾虑社会舆论，但是内心深处对王安石还是十分爱护的。彼时司马光还在翰林院中主持工作，那年的馆职考试，司马光在“策问”一卷上拟定了这样一道题目：

今之论者或曰：“天地与人，了不相关，薄食、震摇，皆有常数，不足畏忌。祖宗之法，未必尽善，可革则革，不足循守。庸人之情，喜因循而惮改为，可以乐成，难以虑始。纷纭之议，不足听采。”

意者古今异宜，诗书陈迹不可尽信邪？将圣人之言深微高远，非常人所能知，先儒之解或未得其旨邪？愿闻所以辨之。

明眼人一眼就能看出，这道题是针对王安石的。早在青苗法引起辩论之际，有的地方恰逢灾害，就有人将这些异象与青苗法联系起来，说此法不得人心，而王安石则以尧帝九年水灾、汤帝七年大旱来反驳，说天地不足畏惧。而对于旁人之言、祖宗之法，在变法面前，王安石也早已置若罔闻。这些言论集中到一起，看起来就有些大逆不道了。馆职考试，是任职地方的青年官员想要申请留京工作时必须通过的考试，保守派以此为题，一来可借基层青年官员之口攻击变法派，二来也可以为自己在朝中的势力筛选新生力量。

卷子出完以后，还要呈送御览。皇帝心明眼亮，当然知道保守派的那点小算盘，他命人用纸把这道题糊了，写上“别出策目，试清臣等”，意思就是让翰林院再出别的试题，这道题目不合时宜。

保守派每次的攻击，总是这么直中人心。虽

然此题不合时宜，但是如果变法领袖王安石说过这样的话，目无旁人、祖宗、天地，在百姓心中，朝廷、皇帝不就成了妖魔化的存在？第二天，神宗皇帝见到王安石时，没有贸然批评，而是先问道："爱卿听说过现在流传的'三不足'之说吗？"

王安石老老实实地答道："没有。"

神宗于是将昨天发生的事细细讲与他听，王安石听出皇上的责难之意，连忙解释道："现在陛下事必躬亲，勤于国事，每行一事，唯恐伤民，这难道不是对天地心怀畏惧？陛下广开言路，无论官职大小，合理的建议都会听取，这难道不是对人言谦虚谨慎？但是有的流言蜚语，动摇民心君意，就应该不畏惧，随它去。至于祖宗之法，仁宗在世时还数次修订，沿袭一部分，改革一部分，这才是祖宗精神的传承啊。"

君臣间坦然以对，嫌隙顿消。"天变不足畏，人言不足惧，祖宗之法不足守"，这样"三不足"的精神，虽然在当时那个封建社会被视为大逆不道，却是人类不断突破局限、时代不断发展进步的关键，最终得以流传后世。"三不足"精神中所蕴含的锋芒与力量，照耀了封建社会的黑暗长河，让一代又一代改革先锋为中国的前进迈出新的步伐。

随着青苗法、免役法的实施，到了熙宁五年(1072)，大宋的财政收入已经大幅增加，各地农民的生存状况也得到了改善，变法成效初显。宋神宗与王安石的关系，也融洽、默契到了旁人艳羡的程度。

曾公亮曾感叹说，“上与安石如一人，此乃天也”，保守派再怎么想动摇这对君臣的关系，恐怕都是徒劳。而宋神宗和王安石的融洽，并不单纯是王安石变法深得帝心，而是在满朝文武之中，只有耿直的王安石敢于和皇帝争论，并且争论的都是实务，而不是什么谏官常常进言的虚礼琐事。这让神宗皇帝感到，自己和王安石并非简单的君臣，而是可以坐而论道的挚友。

有一次，两人就一名执行新法不力的官员的任用问题产生争执，王安石生气地说：“陛下以为，臣设立青苗之法，就是用来排除异己、罢黜官员的吗？陛下真是太不了解臣了！”

神宗当时并没有立刻回应，而是在退朝之后将王安石单独留下，对他说道：“安石，你我君臣际会，千古难遇。说朕不懂你这种话，什么人都可以讲，但你不能这样讲。”

神宗皇帝如此真挚恳切、平易近人，分明从未将王安石视为臣子，而是亦师亦友，交付了自己所有的信任与情感，怎能让王安石不为之动容？君臣二人相互理解，相互支持，将均输法、青苗法、免役法推向全国，后续又制定出市易法、方田均税法等改革措施，将这场变法更加深入地推进下去。

保甲法，河湟捷

均输法、青苗法、免役法陆续收到成效，朝廷财政逐渐充裕，百姓的生活水平也逐渐提高，王安石开始着手实施他变法体系中最关键、也是宋神宗最为关注的改革——军事武装方面的改革。

遥想大唐盛世，中国的版图是多么辽阔，但是经过晚唐的混乱、五代的割据，到了北宋，中央政权所能掌握的只是其中的一部分了。五代后晋的石敬瑭，为了推翻后唐政权，不惜以燕云十六州作为交换，得到契丹的帮助。自此以后，燕云十六州的大地便被契丹人所占。北宋的前两位皇帝——太祖赵匡胤、太宗赵匡义，都曾想解决这个问题，夺回被异族占领的沃土，保卫中原的和平与安定。他们花费了十几年，统一了南方的各个政权，但是身居北地的契丹却不是那么好对付的。大宋几乎年年都和契丹交战，开始时有胜有负，但是逐渐负多胜少，到了真宗的时候，契丹率领他们的大辽军队大举进犯，满朝文武战战兢兢，为了保命，真宗甚至想要迁都，只有大臣寇准坚毅果敢，力促真宗御驾亲征，震慑大辽，最终两国结盟，也就是历史上说的“檀渊之盟”。

“檀渊之盟”虽然换回了暂时的和平，却如温水煮青蛙，让大宋陷入了更深层的危机。根据协定，大宋每年要向辽国交纳银绢 30 万。作为堂堂中原政权，居然要向边地小国进贡，真是无颜以对炎黄祖先！但悲剧远未终结，40 年后，仁宗庆历四年（1044），又要向西夏交纳银绢茶采 25 万余。西夏一介弹丸之地，大宋竟然也要匍匐于其下。一个中原大国每年要向两个近邻纳贡，凡宋之子民，无不视之为奇耻大辱。

更重要的是，如此巨大的开销最终都要分摊到百姓头上，让百姓的生活愈加困苦。百姓苦，就会揭竿而起，大宋为了维持政权，就会血腥镇压。由此循环往复，国家只会越来越飘摇。

大宋建朝之初，太祖赵匡胤“杯酒释兵权”，为了进一步防止武将拥兵自重，频繁地调动将领，让各地部队都“兵不知将，将不知兵”。这样的措施的确维持了政权的稳定，却大大削弱了军队的战斗力，士兵不能很好地配合将领的指挥调度风格，将领也没法对所辖军队进行长期的规划和改革。因而大宋空有数量庞大的军队，耗费巨大的军需物资，战斗力却十分低下。

王安石对军队的改革，首先是减兵并营。50岁以上的老兵，全部裁掉。中央对禁军、骑兵、步兵先进行一次缩减编制，重新整合。原来聚集在京城的禁军，被分拨到各地驻扎，直接减轻了朝廷在禁军上的开销。各州继续根据定额，对各地驻军重新裁撤。最终全国军队缩减到总数不足80万，比英宗时少了近40万，几乎裁减了三分之一。

减兵并营之后，王安石又提出了置将练兵。朝廷选拔了一批新的将领，分配到各个军营，开始进行系统严格的军事训练，提高现有军队的战斗水平。这样一来，消除了此前将不知兵、兵不知将的弊端，提高了部队的战斗力。神宗皇帝赞誉王安石说，这样双管齐下，见效显著，不但可以战胜敌人，还能节省费用，真是一举多得！

俗话说，“打虎亲兄弟，上阵父子兵”，王安石的长子王雱此时也已经成长为一名青年才俊。早在王安石闲居江南的时候，王雱就北上参加了科举考试，24 岁的王雱进士及第，正是时任知贡举的司马光亲自录取的。熙宁六年（1073），王雱听闻父亲正在和皇帝商议改革军政，于是建议把天下制造弓弩盔甲的小作坊都合并起来，在全国范围内统一建造几个大型的制造工厂。一来，可以统一制造标准，方便监督管理，防止出现以前那种兵器质量低劣的问题；二来，也方便武器调配运输，作坊可以根据需要，或是设置在原料产地，或是设置在军队驻地，能够大大节省物流成本。这一宝贵建议立即得到了朝廷的批准，朝廷设立了“军器监”，专门向各个兵工厂派遣经过选拔培训、具有专业知识技能的工程师，既可以行使监督的权力，还可以作为专家协助解决问题、开发兵器。这样，武器的质量大大提高，军队的战斗能力也增强不少。兵工厂的工人从原先小作坊式的劳动进入国家大工厂中统一生产，收入更加稳定，国家相关经费也得以缩减。同僚得知提出建议的王雱正是王安石的长子，不禁夸赞道：

“真是虎父无犬子啊!”

年轻时所见的逃荒之景，给王安石留下了深刻的印象，他一直认为，宋朝之所以积贫积弱、军队不堪一击，主要原因还是募兵制度不合理，应该恢复到古代兵民合一的制度。由此，“保甲法”便应运而生。

保甲法规定：农村农户以十户人家组成一保，五保为一大保，十大保为一都保。这十户人家中，最有才干、有精力、有资产的人，担任保长、大保长和都保正，构成三个层次的地方民兵组织。每一户人家，家中有两个以上壮丁的，都要抽调一人担任保丁，除了携带官方管制的兵器，可以自带刀枪棍棒，农闲时集中进行军事训练。每一大保，每夜安排五个保丁进行巡逻，如果遇到盗贼，就立刻报告大保长，同保人家一起实施抓捕。盗贼如果逃入另一保内，就以击鼓方式通知保丁继续抓捕，每次抓到盗贼，参与的村民都会获得奖励。同保之内，除了相互协助，还会相互监督。如果同保中有抢劫盗窃、杀人放火、强奸拐卖、传邪教、下蛊毒的，一旦发现，村民要立刻举报，知情不报，就要连坐治罪。

推行保甲法，实际上是在国家法规的规定

下，建立起由地主控制的地方民兵组织。百姓们身在其中，既享受权利，也承担义务。这一组织首要的作用是维护社会治安，类似于今天的警察公安机构。其次，还能防止和镇压农民反抗，维护政权的稳固。最重要的是，保甲武装平时能够得到军事训练，一旦发生战争，随时可以征调上前线支援，和朝廷正规军互为表里，维护国家安全。从长远来看，保甲法既可以减少大量军费，又能在日常的治安巡逻、军事训练中保持民兵的战斗力，逐步实现全国军队从募兵制向征兵制的转变，从根本上扭转士兵素质堪忧的问题。

在保甲法实施的过程中，还是遭到了反对派的诟病，反对派一会儿认为保甲法抢占农时、耽误生产，会让贫困人家铤而走险成为大盗，一会儿又说将这些“无恒产、无恒心”的农民召来做保丁，还教给他们武功与作战技巧，很难保证他们不为非作歹。王安石耐心听取了这些反对意见，让贫困的下等农户免出保丁，又反复向皇帝说明，保甲制度中有相互监督的机制，如果一旦有游手好闲之人生了反心，自然会有人主动告发。更何况，将这些穷苦农民聚集起来，让他们能够通过平时抓盗贼、战时上疆场而走上人生正道，又有谁会再一心想走旁门左道呢？

保甲法的推行，让王安石的思路开阔了起来，人可以这样分配到地方，马为什么不可以呢？王安石曾在群牧司工作过，朝廷军马依靠牧监饲养，不但成本高，而且数量也远远不能满足需要。原先的群牧使李中师就曾经建议，把军马饲养下放到民间，这样就能节省开支，提高数量。于是保甲法推行之后，王安石又制定了“保马法”。

保马法规定：凡是愿意养马的人家，每户可养一匹，富户可养两匹。马种可以从官府这里领养，也可以由官府给钱，自行购买符合标准的马种。养马户能够免除部分赋税，另外还能得到一些补贴，但是一旦把马养死，也要承担责任，赔偿官府的损失。

这样一来，大宋朝廷的开支再一次得到了减轻。按当时的市场价格计算，官府养马，因为人员劳务较贵，集中养殖马匹也容易传染疫病，平均每年每匹约花费 27 两银子，但是如果让民间养马，官府征收，成本则只有 14 两，几乎减少了一半！而且，其中的人员劳务是直接落到了农民的口袋里，马匹散养更加不容易传染疫病，加之配合保甲制度，保中有人养马，保丁就可以配合军马进行训练，无论是抓盗贼还是上战场，都提高了战斗水平。

真正的国力改变，还是要有一场胜利的战争才能说明问题的。

早在王安石奉召来京之前，宋神宗对一个年轻人就颇为赏识，他就是王韶。王韶科考进士及第之后，到地方做调查研究，时逢大宋面临大辽、西夏两个外敌蠢蠢欲动，他对大宋的军事情况格外关注，逐渐形成了自己的一套见解：国家要想突破这种局面，首先要从国土小的西夏入手。先把西夏以南的吐蕃部落逐渐收复，这样西夏就无法南攻；进而收复河湟地区，这样西夏就会陷入腹背受敌的局面，不敢轻举妄动。如此一来，西夏的威胁就能暂时解除，我国西北的危机就能缓解，转而集中力量对付大辽。

王韶把这个建议写成了三篇《平戎策》，呈送给刚刚登基的新帝。对于神宗来说，收复国土、光耀大宋是他一直以来魂牵梦绕的理想，看到这三篇《平戎策》，他心中激动不已，恨不得立刻就指挥军队征服西夏。但是自己刚刚上任，羽翼未丰，老臣富弼又一口一个“二十年口不言兵”，所以此事也就被压了下来，但王安石旗帜鲜明地支持神宗。不过，大宋积贫积弱已久，要想一举扭转局势，还需要在西北边陲长期经营。于是皇帝、宰相、武将三人相互配合，神宗先是安排王韶进入西北当地调查策划，然后把西北地区的军事、经济等重任都陆续交给王韶，让王韶在当地好好经营，为以后的军事战斗打好基础。到了熙宁三年（1070），酝酿已久的王韶选择了“招抚”作为收服吐蕃的方法。

次年，西北地区最大的吐蕃部落，由首领俞龙柯带领 12 万人口正式归附大宋。受大势的影响，附近一些规模较小的吐蕃部落也纷纷主动归顺。首战告捷，大宋版图一下子得到了极大扩展。版图扩展，也意味着有更多的百姓要养活，民心不定，归顺的少数民族随时都会再叛逃回去。王韶请示之后，在大宋和这些吐蕃部落接壤的边疆建设了一个规模很大的贸易市场，积极开展边境贸易，结果一下子盘活了整个地区的经济。经济发展，官府银钱充裕，就招募农民开荒种地，不少少数民族也参与其中。口粮多了，人口也就稠密起来，经济贸易也就更加繁荣。王韶领导的当地军政机构，就有了更多可以自由支配的资产。

但就在这时，有人上书朝廷，污蔑王韶在边境搞小金库，任意贪污挥霍。但是因为资产都是由王韶组织起的边境贸易而来，外人无法查阅账目，于是这人请求朝廷拨一笔款项，名为招抚吐蕃专项资金，这样过一段时间，就能借朝廷查账为名，对他的资产账目进行彻底清算。朝廷于是下达了一封准备拨款的诏书给王韶，王韶虽然心里奇怪，但是上书朝廷，表示自己这里因为贸易繁盛，银钱充裕，不必浪费国家财政，自己本地的盈余就能做好招抚工作。

王韶婉拒朝廷拨款的事，也传到了王安石的耳朵里。王韶在西北的经济状况，王安石和神宗大体上也了解，根本不缺资金，为何朝廷要拨这笔款项给他呢？王安石非常奇怪地向神宗询问，神宗便告诉他："有人说，王韶在西北地区坐拥巨额财产，每日挥霍无度，还暗中勾结吐蕃，但苦于无法查证，不如明着给些银子，可以起到监督账目的作用。"神宗犹豫了一下，又说道："更何况，西北天高地远，你我鞭长莫及，王韶原本就拥有军队，平时又得民心，现在手中有了银两，我担心他……"

“请陛下万勿生此疑心！”王安石听闻神宗的这番担忧，立刻为皇帝分析道，“王韶虽然远在边疆，但是一举一动皆向朝廷汇报，就连建立边境贸易的市集，也是奏请朝廷批准之后才开始运营的。自我们派他经营西北以来，他没有向朝廷要一分钱，没有请朝廷多派一个兵，就能招抚吐蕃诸部，这是何等的功勋！至于银子，哪怕是普通人，有了本钱也要生利息，更何况王韶如此聪明，怎能放着银子不管？平素经营一番，用来养活军队，然后给兄弟们打打牙祭，怎么就被称为花天酒地、贪污挥霍了呢？况且，在西北当地我们也有其他文官任职，王韶并不能专断。陛下还请宽心。”

神宗听闻此言，沉默不语，细想王韶的确平素克己奉公，忠心为主，并无任何逾矩之处，在王安石的分析下终于不再担忧。

王安石又说：“倒是此次事出蹊跷……恐怕这是有人嫉妒王韶的功业，用计离间君臣关系，设计陷害于他。王韶执政边疆，本来就风餐露宿，难享我京都和平富贵，还请陛下一定信任于他，万万不可被小人离间，对王韶怀疑指责。否则，恐怕王韶的一片忠心，就要凉透了！”

熙宁五年（1072），王韶发动了针对附近地区与西夏结盟的吐蕃人、羌人的战役，他亲自率军，占领抹邦山，建立城寨，将此建成了下一步继续向河湟进军的战略基地。熙宁六年（1073），王韶率领大军，攻克河州。但是不久之后，归降的羌人重新叛逃，河州又落到了吐蕃首领木征的手中。王韶毫不气馁，使用迂回战术，先翻越露骨山，再南下洮州，一场恶战，击败木征，重新夺回了河州，而且还连带攻下了宕州、岷州。附近的叠州、洮州的羌族首领看到本族大势已去，也纷纷举城归顺。这场战役酝酿多年，惊心动魄，终获成功，史称“河湟之战”。河湟一役，最后共计收复五个州，斩获敌首数千，牛羊数以万计，宋朝在西北的疆土一举扩张了两千多里！

河湟大捷传至京城，朝野上下喜气洋洋，欢欣鼓舞，这可是宋朝自建朝之初结束十国割据之后，百余年来所获得的最大一次军事胜利！神宗平素万事从简，但是这次大手一挥，让内侍部门举办专门的庆典，来庆祝这次胜利。庆典之上，神宗除了对王韶加官晋爵、大为肯定外，情到深处，还解下腰间的玉带，要赐给共同筹谋策划、与自己并肩作战的王安石。

王安石当着文武百官承此殊荣，实在不敢，立刻出列跪言：“河湟之胜，还是在于陛下知人善用，慧眼识珠，将王韶从平民布衣委以家国重任。如今能收复河湟，全仰赖陛下的英明、王韶的勇武、朝廷百官的支持和理解，臣一人实在不敢将这天大的功劳据为己有，独承圣宠。”

“爱卿不必推辞，”神宗皇帝深情地说，“当初王韶献上《平戎策》的时候，很多大臣都怀疑反对，只有爱卿懂得朕，支持朕。后来王韶率军打仗，胜负未定，就有大臣心怀疑虑，纷纷劝朕再次割地赔款，以求和平。还有奸佞从中离间，致使朕也差点怀疑动摇……如果不是爱卿为朕陈述利害，分析情况，支持朕，支持王韶，我们大宋绝不会有今天这样的胜利啊！爱卿，你来受赐，当之无愧！”

王安石听了神宗皇帝如此动情的一番话，回忆起这五年来，觉得一幕幕仿佛昨日重现。他颤抖着上前，接过那条玉带，只觉得重若千钧、情若千钧。

第三章
离朝归野

市易法，君臣异

乡村和边疆军队的问题都通过新法得以缓解，王安石又将目光投向了城市。北宋年间，经过封建社会贸易往来的长期积累，已经出现了繁荣的商品经济，尽管商人的社会地位仍旧不高，但是在经济活动中所起的作用却十分巨大。在如京城这样的大城市中，已经出现了“行会”。行会建立之初，大致相当于今天的行业协会，但是随着经济的发展，逐渐演变为富商巨贾们把持的垄断组织。他们通过买通官府、互通消息，操纵控制市场物价的升降，有时通过压低价格大量吃进货物，有时通过哄抬价格大量抛售商品，三番五次下来，富商变得更富，但小商人、老百姓却饱受其苦。

对于这种现象，生活在京城中的朝廷官员们当然有所了解。一般的官员都自诩清贵士人，不屑于和商人打交道，但是王安石不同，他不太在乎世人的眼光，倒是觉得办些实事最为重要。现在人民穷，国库也不富裕，那些大商人却天天过着骄奢淫逸的生活，这种状况该怎么着手改变呢？

正当王安石苦苦思索解决方案之际，一个名叫魏继宗的布衣来到宰相府投书，自称有良策可解此困局，他建议由官府出面，调拨资金，买卖商品，平抑物价。商人再富，也对抗不了国家财政，这样哄抬或压低物价的情况就会渐渐消失。

王安石觉得言之有理，熙宁五年（1072），开始实施“市易法”：由国家开设市易司，拨款一百万两，招募各行各业遵纪守法的商人作为经理，在市场上某样商品物价低时大量买入，等到物价高时再大量卖出，如此就能够平抑物价，维持市场稳定，还能让官府略有收益。

魏继宗原本是平民百姓，读书不多，但经验丰富，于是王安石安排他进入市易司做一线官吏，而任命吕嘉问为市易司长官。吕嘉问也是血气方刚的青年官员，他力挺变法，作风勇猛。但是其祖父、名臣吕公著，还有叔祖吕公弼，都是坚定的保守派。祖孙两代人常常争执不休。有一次，吕公弼和吕嘉问争论过后，实在气不过，动手写了一封折子，痛陈新法弊端，打算弹劾王安石。没想到被吕嘉问发现了，趁着叔祖睡觉，吕嘉问把折子偷了出来，传给王安石以备应对。吕公弼气得直吹胡子瞪眼睛。

市易法在京城内实施以后，很多住在京城的官员看着市易司参与买卖商品，都觉得朝廷跌了身价。老臣文彦博就进谏说：“陛下，臣近日去相国寺烧香，沿途御街两旁，市易司也像其他小商小贩一样摆摊卖水果，官吏们又是吆喝，又是收钱，十分难看！瓜果梨桃这样的蝇头小利，国家都要和百姓争，百姓恐怕会有怨言。国家官员在首都的御街上叫卖，让外族人看见，也会对我们产生不好的印象啊！”

文彦博的进谏，在当时可以说代表了朝廷上很多大臣的心声。王安石重视经济效益、市场调节，而没有明显的阶层观念，并不着意维护身为士人的清贵形象。这些理念过于超前，这一次连神宗皇帝也心生不满：“市易司自己上阵买卖果品，实在是不好看，有伤朝廷形象。还是让他们别卖了!”

王安石一听就着了急:“卖点水果怎么了!原先国家监管盐铁,禁止私盐私铁,老百姓排队买盐时,不也是官员上阵,一斤一斤称好付钱的吗?做日用品的小作坊,不也是定期去官府购买生铁的吗?都是商品,怎么卖盐、卖铁就没关系,卖个水果就丢脸了呢?”

皇帝一时之间无言以对,也就作罢,但是对市易法的不满却并没有消减。

市易法施行之后,因为涉及商品交易,所以和主管经济的三司免不了产生一些摩擦。论级别,市易司要受三司管理,但是市易使吕嘉问年轻气盛,觉得自己是官宦世家,又有王安石撑腰,对三司使薛向总有冒犯之语,还说薛向阻挠市易法的实施。薛向在王安石变法之初,就支持新法,担任发运司的发运使,实行均输法,成绩斐然,已经升任三司使。薛向得益于新法,怎么可能现在又反过来阻挠市易法呢?但是王安石听信了吕嘉问的一面之词,罢免了薛向,让曾布代任。结果曾布入职没几天,也受不了吕嘉问目无尊长,很看不惯他,干脆跑去地方出差了。

曾布这次出差,叫上了市易法的建议者魏继

宗同行。魏继宗因为未得重用，一直牢骚满腹，两人在旅途中一拍即合，觉得市易司的人把法令实施得一团糟，人民不堪其扰，于是收集了很多对市易法的反对意见。回京之后，恰有一次皇帝问及曾布，市易法现在情况如何，曾布就扑通一跪，竹筒倒豆子一样，把收集来的反对意见说了个痛快。

神宗本身就对市易法不看好，得此信息，就又想把市易法废除。王安石对曾布告状的行为十分不满，但是眼看形势向自己不利的方向发展，于是提议由吕惠卿和曾布一起，共同再调查一次，以免偏听、偏信。吕惠卿和曾布联合调研，但是二人三天一小吵，五天一大吵，让神宗皇帝和王安石都不堪其扰。王安石因为在市易法问题上始终和神宗存在分歧，他本人又是执拗性子，不肯退让，事情争到最后，神宗还是草草掀过此篇，治了魏继宗的罪，认可了吕惠卿的调查结果。

神宗皇帝和王安石从市易法实施开始，就因朝中官员的任免常常发生争执。王安石仍旧倾向于重用支持新法的青年官员，神宗皇帝却更加中正平和，觉得立场问题固然重要，但是官员本人的才学、人品、经验也是必须要考虑的。君臣二人为此时有争论，最后也常常是神宗略略让步，寻求一个折中的办法。

但并不是所有人都会像宋神宗一样，能够体谅王安石并且做出让步。熙宁初年（1068），宋神宗和王安石曾经物色到一个支持变法、执行力强的青年官员，名叫唐炯，提拔其为崇文殿校书，放在身边查看。但是考察了一段时间，神宗发现，唐炯的性格过于偏激，急功近利，喜欢在皇帝和高官面前表现。后来，朝中进行官员的职务调整，王安石想提拔他，神宗却不同意，想把他打发到地方上去，并且告知了王安石原委。王安石调查之后，发现的确如神宗所言，此人思想片面，急于升迁，总是做些表面功夫，对切实的事情并不负责任。这样的人如果下放到地方，执行起新法来，恐怕后患无穷，王安石就建议神宗还是留其在朝中，平调为谏官。

唐炯得知自己并未升迁，而是平调，简直气急败坏，觉得肯定是王安石从中作梗，在神宗面前说了自己的坏话，于是连夜写了好几份折子，发誓要好好告王安石一状。结果神宗早已洞悉他的为人，折子看都没看就丢在了一旁。唐炯见折子递上去，神宗什么反应都没有，就决定一不做二不休，要当着所有大臣的面参王安石一本，看王安石还能如何狡辩！

熙宁五年（1072）八月二十六日，大臣们正要退朝，唐炯突然上前，走到大殿正中，大声说自己有本要奏。因为不合规矩，神宗制止他道："折子留下，卿先退下。"

唐炯不但不听，还边走边从袖中抽出一大本奏折，高声说道："臣要弹劾的，都是列位当朝大臣，此刻诸位大臣皆在，请陛下明察！"说罢便打开奏折，突然对王安石喝道："王安石近御座前听札子！"

唐炯冷不丁一声大喝，让王安石浑身一激灵，不由自主上前几步。

看到王安石被自己震慑，唐炯得意扬扬，大声宣读折子上的60余条王安石的罪状，最后还把朝廷上的所有大臣都攻击了一遍："王安石威权专断，朝廷上下无不知惮。新法烦苛，天下困苦，正是大宋危急存亡之际！朝廷大臣韩琦、文彦博、冯京等人，明知如此，却不敢言！曾布等人，阿谀奉承，结党营私，密布耳目！王珪，曲意逢迎，无异于王安石走狗！韩绛、薛向，颐指气使，实乃王安石走狗！其他诸位谏官，上书进谏，从未言及王安石，也是王安石的爪牙，而不是陛下您的耳目啊！”

神宗见唐炯大闹殿堂，实在太不像话，屡次制止，但唐炯竟然毫不理会，非要说完不可。在场的大臣谏官、侍卫太监，无不脸色发白，手足无措。

唐炯读罢，朝堂上一片安静，掉根针的声音都能听得到。神宗皇帝尴尬地咳了两声，刚欲发言，唐炯却抢先一步，指着宋神宗的龙椅说道：“陛下如果听不进臣的谏言，这个位子恐怕也坐不长久了！”

说罢，唐炯扭头就走，走出大殿，翻身上马，自己去了东门永宁院待罪。

自古以来，皇帝因为一言不合就诛杀谏官，是非常忌讳的一件事情，特别是唐炯这样说完就跑、自己去待罪任凭发落的人，几乎就相当于抬着一口棺材进谏。宋神宗最后草草把他发配去看守广州的军事物资仓库，也算了事。

唐炯此举太过疯狂，太过不可思议，很快就传遍了京城。因为他平时就言辞偏激，品行为人诟病，所以他并未赢得人们的赞誉。但是这个举动对于王安石来说，却是致命的打击。王安石的声誉由此受到很大影响，尤其影响了他在皇帝心中的地位。

熙宁六年（1073）的正月十五，王安石随皇帝出皇城，与民同乐。傍晚回宫，御驾之后，王安石骑着马随皇帝的阵仗经过宣德门，结果被守门的太监拦住。

“所有臣子，进入宣德门，都必须牵马步行而入，王大人您为人臣子这么多年，是从来就不知道呢，还是现在故作不知、觉得自己可以逾矩了呢？”

王安石的仆人听不下去，上前与太监理论，太监们久居宫中见过大场面，根本不把小小的仆人放在眼里，双方争来争去，最后竟扭打成一团。王安石看不下去，上前拉架，结果一个太监就势滚倒在地，大喊大叫道：“打人啦！有人要强闯宫门啦！”

太监们一心把水搅浑，相互继续拉拉扯扯，又喊又叫，将场面弄得十分难堪，王安石好不容易才得以脱身。第二天，神宗果然在朝廷上问起了这件事情。神宗询问在朝大臣，宣德门到底有没有下马的规定，结果满朝文武都支支吾吾，无人出面为王安石说话。神宗何等聪明，见此情景就明白了七八分，表面虽然为王安石打了圆场，安慰了几句，但是在神宗心中却生出了芥蒂。唐坰那件事在先，后来陆续又有人反映王安石现在春风得意，目中无人，对待同僚的态度很不好，现在竟然连宫中的礼数也没了……

流民图，罢宰相

当王安石与宋神宗的关系步入僵局的时候，熙宁六年（1073）的大宋，正经历着一场百年不遇的重大旱灾。从七月开始，几乎全国范围之内都面临着雨水稀少的问题，而重要的农耕区更是一连十个月滴雨未下。溪水断流，江河见底，大片大片的土地干涸，人们连饮用水都成问题，哪里还有余水用来浇地种粮？雪上加霜的是，十旱九蝗，部分地区还闹起了蝗灾，黑压压的蝗虫呼啸而过，所到之处，寸草皆无，连可以果腹的草根树皮都被蝗虫吃掉了！饥寒交迫的百姓不得不沦为流民，四处逃荒求生。

越来越多衣衫褴褛、皮包骨头的灾民逃至京城。灾民数量众多，乞讨到的粮食太少，饥饿之下就冲入饭馆商铺大肆抢夺，令京城居民大惊失色，人心惶惶。社会治安出现了严重问题。

不仅如此，因为流民涌入各个城市，原本的社会秩序受到冲击，小商小贩都纷纷闭门不出，大商铺也关门歇业。大灾之年，各种物资变得十分紧缺，商人们关店保命，导致整个经济流通滞涩，物价疯涨。

一封又一封折子送到皇帝面前。国家刚刚恢复元气没几天，资金和存粮都非常有限，根本承担不起如此程度深、规模广的灾情。巧妇难为无米之炊，各地救灾的方法几乎用尽，但收效仍不明显。朝廷无法做地方官员的强大后盾，地方官员也渐渐消极怠工，民众因此更加不满。

神宗皇帝已经从正殿移居偏殿，每天的饭菜也避繁就简，以示自省。一日，王安石有急事禀奏，恰逢皇上用膳。议事过后，神宗指着桌上的饭菜说："爱卿你看，我最近一月，已经避殿减膳，自我惩戒，朕的后宫也都食素多日，我已经真心诚意向老天悔过自省，为何旱灾仍然没有缓解的迹象，反而民怨更加沸腾？"

王安石秉持着"天变不足畏"的唯物主义思想说道："自然灾害，哪朝哪代都会发生，是正常现象，尧汤时代也不可避免。现在诸位大臣都在尽力救助，尽人事，听天命，陛下不必过于忧心。"

神宗"啪"的一声摔了筷子，厉声说道："你说得轻巧！朕忧心灾害如此严重、百年难遇，正是人事有未尽之处！"

王安石万万没有想到，神宗会忽然如此暴怒。王安石越想越不对劲，他发觉，自从旱情严重之后，保守派对新法的攻击就又甚嚣尘上，神宗的态度也开始摇摆，不时对自己加以指责。想到这里，天天为灾情和国事操劳的王安石，也觉得心力交瘁，疲惫不堪。

全国各城的流民还是与日俱增，原本繁华的都市现在变得人人闭门不出，灾民沿街流窜，景象混乱。驻城守军为了维护都城秩序，开始四处驱赶灾民，让他们立刻出城。城市的大街小巷，一片凄惨景象。

身居京城附近光州的一个小官郑侠，每天出入官府，看到如此景象，痛心不已。他自小学习孔孟之道，十多年前也中过进士。王安石当政之后，郑侠对新法的种种措施也有几分异议，现在看到这样的天灾人祸，更加深信这场旱灾是来自上天的警示。新法不罢，旱灾恐怕是不会停止的。但是，京城中早有传闻，神宗皇帝对王安石十分信赖倚重，每每颁布新的变法措施，神宗皇帝总是坚定地支持。自己一介小官，该怎么才能绕开王安石，让神宗皇帝受到触动、回心转意呢？

郑侠擅长丹青，于是他构思数日，提笔作画，用了七日绘成一幅《流民图》。画卷之上，京城流民背井离乡、衣衫褴褛、沿街乞讨、食不果腹而最终沦为草寇的形象栩栩如生地呈现在眼前。

画毕，他觉得心中的一腔悲愤非但没有疏解，反而愈加浓烈，于是又摊开宣纸，起草了一封奏折，写上自己画这幅《流民图》的缘起和目的：

> 臣伏睹去年大蝗，秋冬亢旱，以至于今，经春不雨，麦苗枯焦，黍粟麻豆，粒不及种。旬日以来，街市米价暴贵，群情忧惶，十九惧死。方春斩伐，竭泽而渔。大营官钱，小求升米，草木鱼鳖，亦莫生遂。皆中外之臣辅相陛下不从道以至于此。
>
> 臣窃惟灾患有可召之道，无可试之形，其致之有渐，而来如疾风暴雨，不可复御。流血藉尸，方知丧败，此愚夫庸人之见，而古今比比有之。所贵于圣神者，为其能图患未然，转祸为福者耳。方今之势，犹有可

救。臣愿陛下开仓廪，赈贫乏，诸有司敛掠不道之政，一切罢去。庶几早召和气，上应天心，调阴阳，降雨露，以延天下万姓垂死之命，而固社稷万万年无疆之祉。

……

一幅如泣如诉的画卷，一封情真意切的奏折，自己想对皇帝说的话都已经融入其中，但是该怎么把它们交到皇帝面前呢？

正在郑侠发愁之际，他的一个中书省的好友来访，看到他的画卷和奏折，给了他一个建议：通过京外驿站马递，可以绕道进入主管全国各地奏状案牍的银台司，而银台司收到重要奏折，可以直接送进福宁殿。

郑侠一听，觉得可以一试，于是次日一早，他就身着官服，将画卷和奏折密封入袋，骑马出城，奔向最近的驿站，称有加急密折要紧急呈送皇帝。驿站官员见他身着官服，以为是在地方调研的大臣，有紧急情况回报皇帝，于是赶快差马递发往银台司，银台司便将此交到了皇帝的桌上。

皇帝展开画卷，简直不敢相信眼前的场景，“天下大旱”四个字他早已经在奏折上看了无数遍，但是此时此刻，这四个字第一次作为真真切切的画面，呈现在自己眼前。饥寒交迫的心酸，流离失所的悲凉，落草为寇的无奈，遭人驱逐的血腥……

《流民图》呈现的惨状，萦绕在神宗皇帝的脑海。这个夜晚，神宗再次失眠了，他权衡再三，没有征求朝廷大臣的意见，早朝之上直接颁布谕旨：各地开放粮仓，广设粥场，不留存粮，全部赈济百姓；各地官员迅速如实汇报灾情，如再隐瞒，从严处置；变法一切暂停，各地官员收集百姓对变法措施的意见，百姓也可以直接写奏折上报。

王安石听到这个消息，犹如晴天霹雳！他虽然感觉到神宗皇帝与自己之间已经生出许多裂痕，但是万万没有想到，神宗皇帝在没有和自己商量的情况下就全面暂停变法改革。这是否意味着，大宋的改革事业就此停摆？

事已至此，无论如何都不能再待在这个位置上了。王安石把自己关进书房，拿起毛笔，颤抖着写下了《乞解机务札子》。他以身体抱病为由，请求辞去宰相一职，回乡养病。

奏折送上去了，但是神宗皇帝并没有立刻批准。他下达那道谕旨，还是想着此时压力太大，暂缓新法，集中精力救灾，等灾情缓解，一切回归到正常秩序，再继续变法之事。自己虽然对王安石有一些不满，但是平心而论，王安石还是自己的得力臂膀。变法求新、改革图存是自己登基之时就立下的宏愿，这一点永远不变。

但是，还没等神宗召见王安石，就在谕旨颁布、暂停新法的第三天，几个月滴雨未下的京城竟然下起了一场绵绵细雨。

如果说王安石递上辞职奏折的时候还抱有最后一丝幻想，那么当他看到雨滴从天而降的那一刻，他的所有幻想被击得粉碎。王安石从不畏惧天命，也不相信什么天威震怒、降灾警示，但是他却深深懂得人心向背的力量。

同在一座城中，神宗皇帝看着宫殿外的细雨，可谓悲喜交加。他身后的案几上，一边是王安石的《乞解机务札子》，一边是郑侠随《流民图》附上的奏折，这篇奏折痛陈灾情之重，恳求暂停变法，末尾还写道："如陛下行臣之言，十日不雨，即乞斩臣宣德门外，以正欺君之罪！"如今仅仅停止新法三天，就下起雨来，难道这真的是天意吗？天降雨水，旱灾缓解，大宋可渡过这一灾荒，但是自己励精图治，以求变法救国，难道就这么不得人心？

神宗多么想把王安石留在身边啊！尽管他们有过争吵，有过分歧，但是七年来并肩作战的点点滴滴，又如何能够让他放手。时至今日，舆论已经呈现不可抵挡之势，现在再想将王安石留在宰相之位上，已经不可能了。变法事业要想有朝一日继续进行，就必须把王安石推出去，让他带着所有的争议离开，以消天灾，以平民怨。

复宰相，辨小人

熙宁七年（1074）五月，原礼部侍郎、平章事、监修国史的王安石，被罢去职务，调任吏部尚书、观文殿大学士，知江宁府。王安石收拾行李，携家眷南下江宁。七年之前，神宗新帝登基，一封诏书将自己从江宁引入京城；七年之后，自己与神宗历尽万事，至亲至疏，同样是一纸诏书将自己贬回江宁，也算是落叶归根。

变法派的旗帜倒下了，保守派一时间欢欣鼓舞，对剩余的变法派力量开始了猛烈的攻击，他们称呼韩绛为“传法沙门”，称呼吕惠卿为“护法善神”，暗示神宗皇帝，这些人都是一伙儿的，如要斩草除根，就应该把这些变法的中坚力量全部清除。但是神宗思来想去，也不愿意放弃变法已经取得的成果。几日之后，韩绛被任命为同平章事，也就是正宰相，吕惠卿担任参知政事，也就是副宰相。大宋朝廷依旧被变法派掌控，保守派再一次失望。

从一个小小的集贤院校书，一步步爬到现如今的参知政事，几乎是一人之下，万人之上。对于吕惠卿来说，人生如一场盛大的烟火，自己从地面飞升高空，绚烂绽放，何等美妙。搬入副宰相府邸的那一天，吕惠卿屏退众人，独自一人坐在中堂的太师椅上，闭目沉思。穿堂风游荡而过，拂过他的衣角、手心、脸庞，他感到一阵舒适，但是这种松弛没有持续很久，另一种蠢蠢欲动的野心就占据了他的胸膛——不够，这还不够。他还只是个副职，他想要的，是那个堂堂正正的宰相之位，是皇帝更多的信任和倚重，是全天下人对他的敬畏和崇拜。

充满了野心的吕惠卿，上任之后率先着手处理王安石时期留下的疑案。当初市易法一事，曾布与吕嘉问不睦，曾布从支持变法转向反对变法，被变法派诟病，而吕嘉问性格飞扬跋扈，屡屡做事逾矩，也被保守派揪住不放。吕惠卿安排中书省官员详查两人，两个月后，朝廷以任内账目混乱、多笔账目记录不清、去向不明为由，罢免了曾布的三司使一职，改知饶州；同时，以玩忽职守、未能察觉手下多纳月息钱为由，罢免了吕嘉问市易司提举之职，改知常州。将两人打发出京之后，变法派和保守派都稍稍偃旗息鼓，吕惠卿为自己的下一步行动开辟了一些空间。

吕惠卿心中多少明白，神宗对王安石的信任和依赖成于千日，不可能毁于一时，而变法派的精神领袖其实仍然是王安石，自己如果想彻底取得皇帝的赞赏和信任，成为变法派的新任领袖，就必须拿出新的举措，塑造属于自己的风格。

几日来，吕惠卿仔细研读各地呈送的奏表。有的地方表示，很多农户隐瞒自己的家庭财产，使自己被划为低等户，少交或者干脆免交免役钱。吕惠卿灵机一动，让自己的弟弟吕升卿做助手，创造了一种新的法规，叫作“手实法”。

手实法类似于现在的财产登记制度，不过不是只面向公务员，而是把所有的百姓，特别是作为征收赋税对象的农民纳进来。按照农户所在地区，由户主向官府主动申报财产、各类物品，由国家按照市场价统一颁布参考价格，具体地方掌握一定程度的本地差价，对实物财产进行折算，最后汇总成一个家产数目，以此作为划定户等的标准。每家每户都要如实申报，未经申报、刻意隐匿的财产，不受国家保护，一经发现，立刻充公。并且鼓励知情人相互监督举报，一经查实，举报人可以获得收缴的隐匿财产的三分之一。

没有想到，手实法颁布以后，天下哗然。地方的乡村秩序，几乎乱成了一锅粥。待百姓登记财产之后，官吏们奉旨查抄，挨家挨户核对家产，养的鸡鸭猪狗都要算上，如果没有登记，那么就要把这个物品折成银钱，交到官府。而乡邻间，从原有的亲密关系变得相互防备。偏偏还有无赖之徒，专门四处打听各家的家产，一旦发现有漏写的，就跑上门去敲诈勒索。经过这样的计算，每家的家产都虚高许多，户等自然一下子被调高，应缴纳的赋税就变得更多了，因此各地农村都鸡飞狗跳，农民们怨声载道。

吕惠卿也没有想到，自己的手实法在具体执行层面会遇到这么多问题，但这是自己的第一个法令，不能朝令夕改，于是他硬着头皮推行下去。曾经进献《流民图》的郑侠，再次跳了出来，上书神宗称变法派为非作歹，吕惠卿更是奸佞小人。吕惠卿闻言大怒，以诽谤朝廷之名，把郑侠贬到了英州。但是富弼的女婿、同为参知政事的冯京和王安石的弟弟、倾向保守派的王安国，对吕惠卿这样的做法非常不满，为郑侠大鸣不平。吕惠卿一不做二不休，将冯京贬知亳州，王安国则一下子被撸掉官职，回家种地。

这样的做法让朝廷之内风声鹤唳。几个月间，为求自保，朝廷大臣开始对吕惠卿歌功颂德，唯他马首是瞻。谏官无一人敢直言进谏，地方官员更是争相吹捧，争相与吕惠卿结交。吕惠卿的府邸终日宾客盈门，韩绛大权几被架空。吕惠卿一时呈现出大权总揽之势，他的权力欲和虚荣心得到了极大的满足。

神宗皇帝看在眼中，已经生出不满，不再想让吕惠卿一人独大。虽然吕惠卿在变法上坚定不移，执行力强，作风果敢，但是出任副宰相以来的所作所为实在让神宗万分失望。先是在用人问题上，吕惠卿一人得道，鸡犬升天，弟弟被他提拔为重要官员；再是在处理郑侠的问题上，吕惠卿显得睚眦必报，根本没有察纳雅言的风度；而在变法能力上，吕惠卿显然只有将才，而无帅才，眼高手低，对自己的能力估计不足，导致手实法漏洞百出；至于神宗最看重的人品问题，吕惠卿更是刚愎自用，好大喜功。如果神宗皇帝再不出手制止，恐怕就要成结党营私之态了。

神宗皇帝在郑侠一案中敏锐地发现，王安石的弟弟王安国虽然为郑侠打抱不平，但并没有出格的行为，吕惠卿刻意将他卷入其中，贬谪出京，恐怕是为了牵制王安石，不让其在朝中有任何可能的势力，避免王安石回归朝廷或者左右事态。如此心机深沉，实在是太可怕了。

与此同时，在地方任职的苏轼，见辖内百姓因为手实法不得安宁，并听闻朝中吕惠卿一人当政，实在忍无可忍，于是以奏表《上韩丞相论灾伤手实书》，绕过吕惠卿，直接送到韩绛手中，希望这位中正平和的宰相能够出面主持公道，压制吕惠卿。

韩绛收到这封奏表，感到吕惠卿在朝野之中确实已经任意妄为到了不能不管的地步，但自己想要挟制吕惠卿，可谓难上加难。于是韩绛暗中上书神宗，建议重新起用王安石，以稳定朝野政局，维护变法成果。

这个建议正中神宗皇帝的下怀！将王安石罢相，本来就是权宜之策。王安石一走，神宗就发现，这些继任者都不能和王安石相比。于是，神宗下诏令王安石官复原职，立刻回京理政。

吕惠卿听到这个消息，立刻大惊失色。吕惠卿能从一个默默无闻的小吏爬到如今的位置，王安石其实是他的贵人。他对于变法的支持，一开始更多的是处于对形势的判断，但是王安石对他却一直悉心培养提携。他感激王安石，但是现在他更渴望权力。他担心王安石官复原职，而自己说不定要被革职贬官。为了保住现在的位子，吕惠卿有了一个疯狂的想法。

王安石辅政六年有余，绝大多数时间都是吕惠卿陪伴左右，共同商议国事，讨论新法。吕惠卿清楚地知道王安石在变法一事上的所有弱点和缺陷，更重要的是，他藏着一个可以严重挫伤皇帝对王安石信任的撒手锏……

熙宁八年（1075）二月的一天，吕惠卿入宫参见皇帝，向皇帝汇报道："近日以来，臣在东府翻阅这几年的文件档案，以作理政参考，但是发现各州府上报的奏折，有很多被积压延误的，都没有圣上您的批注，恐怕是负责官员擅自做了处理。这些折子，有的还不是小事……"吕惠卿边说边从怀中掏出几本奏折，"陛下请看，这一本，是戎州来报，五百刁民聚集山林；这一本，是清州来报，清河县吏朋党暗中勾结辽国；这一本，是均州来报，连日暴雨，农事受损；这一本，是忻州来报，僧人道人忽然云集余姚，形迹可疑……”

吕惠卿把这些折子一一呈送给皇上，继续说道：“像这样的折子，这还只是一部分，臣看了之后，心中惴惴不安。仔细想来，可能是负责奏折的官员工作失误，又或者是东府的行政流程出了问题，臣还没有细查，不能妄下断言。如果是官员渎职，应当追究责任；若东府程序有误，也应当加以完善梳理。臣想着，先把这些奏表呈给陛下，请您过目定夺。”

神宗心中疑窦丛生，拿起桌上的奏折细细翻阅。结果不看不要紧，一看吓一跳。这些奏折大都集中于熙宁五年（1072），正是自己与王安石关系最为紧密融洽的时候，所有这些折子上都有王安石的签字，但是并无呈送福宁殿的字样，更没有自己的签字。这意味着：王安石擅自处理了这些奏折，从未向自己汇报过这些事情。往轻了说，这是王安石自作主张，越权渎职；往重了说，这是王安石目无圣上，妄想独揽大权啊！

话说王安石那边，刚刚在江宁休整了不到十个月，就接到朝廷发来的诏书，宣他马上回京，恢复工作，处理朝政。稍后传到王安石手里的还有韩绛的一封密信，信中委婉地提到，他走之后，朝中吕惠卿一人独大，众人巴结逢迎，朝中世风日下，而吕惠卿推行的手实法效果如何，相信王安石在地方了解得更详细。总之，同样是希望王安石能够不要再虚礼推辞，尽快回来主持大局。

王安石此时的内心很纠结，近几年来，他日夜操劳，十分疲惫，确实想好好陪伴家人。郑侠一事出来，弟弟王安国莫名卷入，最后被罢去所有官职，回家种田，王安国一口气窝在心里，一病不起，过了一段时间，竟然因病去世。王安石虽然对郑侠和《流民图》颇有微词，但是吕惠卿如此处理，显然太过火了。

另一方面，当初王安石离开京城，皇帝没有同意他的辞职请求，反复向他说明，调任江宁知州只是权宜之策，论品级并不存在贬官之说，但是为了安定民心，需要对外称作“罢相”。私下里，皇帝还赐了百两黄金，用作回江宁的盘缠和置业。神宗深知王安石一心扑在工作上，平时克己奉公，两袖清风，生怕乍离开京城，囊中羞涩而失了尊严。回到江宁不到一个月，皇帝就派了贴身内侍专程过来看望，送来了许多珍贵药材，供他调理身体……凡此种种，不一而举，神宗关怀备至，现在朝廷又确实在最需要自己的关头，王安石能推辞吗？

思前想后，王安石决定奉旨入京，承担起自己应尽的责任。他再次收拾行李，和夫人、孩子一起，踏上了回京的旅程。客船航行在江中，夜以继日向北方驶去，自己却不再像八年前那样意气风发，壮志满怀。想到回到朝廷，又要面对无休无止的政务、斗争，他真的感觉有些吃不消。行至瓜洲的时候，王安石写下了这篇流传千古的《泊船瓜洲》：

京口瓜洲一水间，钟山只隔数重山。
春风又绿江南岸，明月何时照我还？

失爱子，再辞官

王安石回到朝中，官复原职，神宗皇帝对待他仍旧和以前一样，但是对于王安石来说，这一切却又完全不同了。被曾经信赖的神宗皇帝当作弃子一般对待，无论是出于权宜还是出于矛盾，都让王安石的内心感到了深重的孤独和挫败。他依旧在自己的岗位上认真履职，但是这份工作对他来说已经仅仅是一份工作，而不再是可以为之付出心血和生命的事业了。

三月的一天，王安石参见神宗，汇报工作，神宗与他谈到前一段时间的朝中诸事，宽慰他说："爱卿走的这段日子，朝中反对变法的人也大都被陆续安排走了，现在爱卿回来了，可以放开手脚安心做事。"

王安石淡淡地回复道："陛下对臣，有知遇之恩。臣承蒙陛下厚爱，所以以前时时事事与陛下共同商议策划，都是想协助陛下建立盛德大业。以前反对变法的同僚甚多，臣有时力所不能及，没法安心工作，现在陛下重新召我复职，我之所以不敢推辞，是因为臣还是想把变法做出一点切实的效果，来回报陛下的知遇之恩。"王安石说到这里，缓缓起身，向神宗皇帝行了一个大礼，然后又说道："臣现在年纪大了，恐怕不能久伴陛下左右……所以，也希望新法能够尽快落实、起效，让陛下看到臣的用心。"

神宗皇帝看着王安石缓缓俯下身子，给自己行了一个大礼，痛苦地闭上了眼睛。他和王安石都心知肚明，他们之间的关系已经无法回到从前了。这一次，王安石近乎直白地告诉他，这次奉诏回京，就是为了报答最初的知遇之恩。朝局稳定，新法见效，后继有人，王安石就会立刻告老还乡。可是，这一年王安石不过 55 岁，他如果有心效力，还是能够再多陪伴自己一段岁月的啊。

虽然是在神宗、韩绛的急切盼望下回来，但是真的到了工作之中，王安石"拗相公"的性子还是没有改变，经常和神宗、韩绛在用人问题上意见相左。王安石与吕惠卿表面相合，但是吕惠卿却对王安石早有顾忌，一心想要除掉王安石，只是苦于没有机会。他上次向皇帝告发私匿奏折一事，感觉并没有取得多好的效果，神宗皇帝仍旧待王安石如常。吕惠卿除了继续背着王安石在神宗那里不时吹风离间外，还伺机抓住王安石的把柄，准备将其一举除掉。

这天，皇上特批速办的急奏摆在案头，吕惠卿打开一看，是一起地方的谋反案：忻州有人告发余姚县主簿借宗教活动进行集会，意欲谋反。牵涉河中府观察推官徐革、将作监主簿张靖武、右羽林大将军赵士居、道人李士宁等人。

吕惠卿看到这个文件，忽然想起自己上次呈

报给神宗的那一沓私匿奏折中，正有一份是忻州来报的余姚宗教集会，当时还是形迹可疑，没想到真是预谋叛变。这个道人李士宁，吕惠卿也有所耳闻，此人自称已经 300 多岁，在峨眉山中修道，精通延年益寿之道，能够预知人之祸福。因为他能言善辩，长于交际，在京都权贵中也曾经红极一时，连仁宗皇帝都与他有所交往。王安石也曾请他为家人看病。现在，这个道人卷入了谋反集团，被推举为军师，那么王安石是不是也可以有所牵连呢？

吕惠卿立刻安排抓捕行动，涉案人员很快悉数落网。吕惠卿安排御史中丞邓绾等人审讯。平时云游四方、结交权贵的李士宁，哪里受得了深牢大狱中的严刑拷打，很快就交代了与余姚县等人员串通谋反的详细情况。但是李士宁回忆再三，与王安石也不过是点头之交，受邀到府中诊病，此后并没有什么交往。吕惠卿看了这份笔录，当然很不满意，于是委婉地暗示邓绾，李士宁与王安石不止这么简单。

邓绾精明油滑，很懂得怎么讨长官的欢心，于是重新撰写笔录，其中曲笔暗示，王安石也参与了这次谋反的策划。吕惠卿拿到新的笔录十分满意，立刻与自己在朝廷各个机构的亲信眼线串通，提前散播消息，造成舆论，暗示王安石意图谋反。

王安石听到传闻，又拿出自己不畏人言的拧劲儿，认为自己身正行端，不怕这些风言风语，等案件查清、水落石出，谣言自然会平息。但是，没过几日，韩绛就来到王安石府中，把一本奏折甩到他面前。原来，邓绾已经将弹劾王安石的奏表写好，并附上那份捏造的笔录，呈送到了同平章事、位齐宰相的韩绛这里，按照流程，韩绛批阅过后就必须立刻拿给皇帝。

王安石大惊失色，感到自己百口莫辩。正当此时，旁边王安石的大儿子王雱义愤填膺地说道："谢谢韩大人提点，父亲不要担心，这件事交给我来处理。我们王家一直赤胆忠心，天地可鉴，我就不信，天底下所有人都能被这些奸佞小人所惑，任凭他们指鹿为马、信口雌黄！"

王雱素有才干，称得上是王安石的得力助手。原先整饬军队时，王雱集中兴建军工厂的建议得到了朝野的一致赞赏，只是近些年来，王雱的身体一直不太好，只得从变法队伍中退居幕后，编书修史，做做学问。王安石请李士宁前来看病，也是为了王雱。王雱看到父亲因为自己而遭到诬陷，愤怒异常，发誓一定要报仇。

凭借着父亲的名望和人脉，王雱很快得知邓绾等主审的幕后主使正是吕惠卿。他暗中联络了一批早先被吕惠卿打压的御史、谏官，准备了详尽的材料，打算抢先一步揭露吕惠卿的嘴脸。

三月二十三日，延和殿午朝上，御史蔡承禧突然上表，弹劾吕惠卿："吕惠卿恣意弄权，朋比欺国。朝中章惇、李定、徐禧，都是他的党羽，平素为他串通消息，奔走卖命，所做之事罄竹难书，请陛下容臣一一道来……"

这封弹劾如一石激起千层浪，原先吕惠卿在朝中专权时，不少人都对他敢怒不敢言，现在蔡承禧身先士卒，弹劾吕惠卿，大家都纷纷附议，要求严查吕惠卿及其党羽。关键时刻，韩绛上前一步，也把一份弹劾吕惠卿的奏折呈送到皇帝面前："吕惠卿的奸恶，路人皆知，执政两年，更是不专心于政务，反倒一心培养爪牙党羽。现在朝廷上下，无处没有他的眼线，其他人的奏请，如果没有经过吕惠卿的同意，一概不能通传上下，即便皇帝谕旨，也不免受制于他。臣实在深感惶恐，请陛下下旨，彻查此人！"

邓绾没有想到，自己弹劾王安石的奏折还揣在袖子里，朝廷上就已经风云变幻，开始万箭齐发地弹劾起了自己的幕后主子吕惠卿。他心里十分清楚，如果吕惠卿被彻查，那么自己也逃不掉干系，还不如趁现在立刻站好队伍，或许以后还有回旋的余地。于是韩绛话音刚落，邓绾就扑通一声跪倒在地，大声向神宗揭发道：

“陛下，臣也有关于吕大人的要事上奏！变法之中，吕惠卿违规提拔他的两个弟弟，将吕升卿提拔为崇政殿说书，将吕和卿提拔为曲阳县尉。并且在新法执行过程中，他伙同华亭知县张若济，强行借取华亭县富户朱华等人五百万银子，用来私下购置田产五百顷。此外，吕惠卿还为他的舅父撑腰，让舅父强夺民田，让僧人文达强夺王竺的僧舍。吕惠卿其人，阳奉阴违，以权谋私，上下勾结，中饱私囊！朝廷的形象、变法的形象，都已经尽数毁在他一人手里了呀！”

邓绾此语一出，满朝文武大惊失色。邓绾所说如果属实，这将是变法实施以来最大的一桩贪污舞弊案，也是神宗皇帝当朝以来最严重的一桩贪污舞弊案，而且，还是发生在一个主持变法的副宰相身上！神宗皇帝陡然变色，立刻下令逮捕吕惠卿，下狱审问，即时派人抓捕相关人员，带入京中一一审问，务必严查此案。

吕惠卿的政治生命，就此完全终结。

但是和吕惠卿一起葬送的，还有变法派的形象、信誉和团结。“谋反案”的流言仍旧在暗中传播，王安石已经成了朝野上下暗中议论的核心。关于吕惠卿“华亭案”的折子，更是不断被呈送，相关的弄权事件也被一一揭露。平素与吕惠卿相近的章惇、李定、徐禧等人，也被不断叫去配合审讯，根本无法再展开工作。变法派几乎人人自危，如同一盘散沙。而保守派更趁机对各项变法条例大加攻击，请求神宗彻底停止一切变法。

“谋反案”与“华亭案”同时冒出，相互牵涉，丑闻迭出，让神宗身心俱疲。本来寄予厚望的变法团队，内部矛盾已经如此深重，看来吕惠卿与王安石相互钩心斗角为时已久。而保守派一直虎视眈眈，抓住变法派的错误咬住不放，还要神宗出面来为他们摆平。神宗皇帝对整个变法团队失望到了极点。

策划了“华亭揭弊”的王雱，如愿看到了吕惠卿跌落高位。但是吕惠卿的下狱受审，并没有让王安石摆脱流言的困扰。吕惠卿一案，负责审讯的都是平素与吕交好的亲信，借着事态复杂之名，对此案一拖再拖。吕案没有了结，自然不会交代王安石在“谋反案”中是受到了诬陷。为了稳定政局，吕惠卿还被神宗暂时调任陈州，待案件材料俱齐，再做审讯。王雱心中着急，就联络了曾被吕惠卿贬谪的吕嘉问，还有王安石的门生、身居中书刑房的练亨甫，看他们有什么办法。

吕嘉问和练亨甫一听，连忙表示为王大人分忧理所应当，洗脱王安石罪名一事包在他俩身上。于是，两人设法从中书刑房将吕惠卿的卷宗和皇帝当时“下狱审讯”的谕旨偷了出来，交给王雱，让王雱去东府看父亲的时候，插在东府转交刑堂的其他案件卷宗之中，这样就可以将“华亭案”从原本的中书刑房调到刑堂，直接跳过证据收集和再次审讯，将现有材料作为证据，直接判案。

结果没有想到，当天刑堂负责接收卷宗的小吏正是吕惠卿的亲信。吕惠卿的亲信们立刻相互通气，将此事告知远在陈州的吕惠卿。吕惠卿抓住王安石“越权行事，欺君罔上”的罪证，写成奏表，并将此前所有王安石压下的奏折，包含对神宗有不敬之语的私人信件，统统打包，通过亲信交给神宗。

熙宁九年（1076）五月二十七日深夜，神宗紧急召见王安石，王安石一进内殿，宋神宗就把一封奏折扔到王安石的面前。王安石打开奏折，发现竟然是远在陈州的吕惠卿所写，仔细读来，惊出一身冷汗，这是有人故意调换卷宗，扰乱办案流程，破坏司法公正。他立刻跪地俯身对皇帝说道：“臣坐镇东府，此事有失职之罪，但此事确非臣下所为！臣痛恨吕惠卿徇私舞弊，绝对不会以同样的方法对付吕惠卿！恳请陛下明察！”

神宗面色如霜，冷冰冰地说道：“那就请卿把这件事情调查清楚，再来告诉朕吧。”

王安石次日一早便着手彻查此事，但是他万万没有想到的是，那个调换卷宗、徇私舞弊的罪魁祸首，竟然是自己的儿子王雱！他羞愤交加，给了王雱一个耳光！

事情败露，王雱一时心急铸成大错，再也无法面对父亲，更没法原谅自己，痛苦之中，他一病不起。

五月二十九日，王安石再次入宫觐见，主动说道：“犬子王雱，因为私人恩怨，勾结朋党，干涉司法，实为此次弄权事件的罪魁祸首。王雱所作所为，罪大恶极，不容赦免，恳请皇上将他绳之以法，维护律法尊严。”王安石一叩首，继续说道：“臣教子无方，今日之事，难辞其咎，恳请皇上罢去相位……”

神宗拿起桌上吕惠卿随奏折附上的那些私匿奏折、私人信件交给王安石，王安石打开一看，如同落入无底深渊：这些奏折中，有的是为了避免不必要的牵扯，有的是为了打消皇帝的疑虑，有的是自己可以处理的琐碎小事，还有一些自己也记不清了……但是，上面都写着“无使上知”。什么是“无使上知”？在自己这里，没有一件事是为了徇私舞弊，但是在皇帝那里，桩桩件件都是欺君罔上，蒙混帝听！

王安石捧着这些奏折、信函，禁不住浑身颤抖。原来如此，原来如此！皇帝这次召自己官复原职，本就不是指望要与他恢复君臣之好，那些争吵、猜疑、失望、询问，其实皇帝的心中早就有了答案，皇帝不是冲着变法团队来的，也不是冲着自己的儿子王雱来的，而是冲着自己来的，他就是要看看自己是怎么在他的眼皮底下“欺君罔上”的啊！

几天之后，王安石的长子王雱因为体弱多病，加之羞愤难耐，已无生存之意志，在家中病逝。

王安石含泪再次上书一封辞表。神宗批准了王安石的请求，给了他一个虚职，准许他回到江宁，自此之后，远离朝堂。

神宗大规模改组朝廷，原先参与王、吕两方斗争的变法派成员，纷纷被调离京城。所谓变法团队，几乎名存实亡。

永乐败，神宗崩

冬天，是一个寒冷肃杀的季节。年迈的王安石和老妻一起带着爱子的灵柩，重新回到了江宁。

早先王安石接到神宗诏书，准备回京复相之时，就已经对官场生活感到了深深的厌倦，打算安顿好朝堂之事就功成身退。现在，对于王安石来说，也算有了一个解脱和了结。当初居住在江宁时，王安石喜欢去郊外的钟山，独自默默享受那里的静谧。离开江宁前，他在城里与钟山之间发现了很大一片低洼的荒地，当地人叫作“白塘”。因为地势不好，土地也很贫瘠，无法开垦种田，附近当然也没有人家和村落，所以地价十分便宜。王安石看中了这块地方，便买下准备修建一个宅院，作为今后养老的住所。

这次回到江宁，为了填补内心巨大的创伤，他全心全意投入到了宅院的建设当中。他根据地形，在周围设计出一条水渠，从附近的一条河流引水过来，为宅院带来了一渠活水。他将沟渠中挖出的土堆到中间，垫高地面，在上面修建了几间房屋，周围竖起一道篱笆当作院墙，院子内外又栽种了一些松竹、一些楝树，颇有一番陶渊明归园田居的味道。王安石将这座宅院命名为“半山园”。

当初选择此处，除了因为清静、便宜，还因为距这里不远有很多人迹罕至、富有文化色彩的古迹。离半山园不远，就是东晋名士谢安的故居。王安石曾经听自己的父母说过，自己的名字就取自谢安的字“安石”，自己对谢公的人品、功业也十分敬仰。他看到谢安的宅院旧址因为缺乏保护，风吹雨打，只剩一个土墩，于是在此修建了一个凉亭，起名为“半山亭”，他常常坐在这里休憩静思。

离半山园不远，还有一座宝公塔。“宝公”是南朝梁武帝萧衍时期非常著名的宝志和尚，也

就是我们后世所知道的“济公”。宝志和尚经常出入钟山，披发赤足，状似疯癫，拿着一个锡杖，上面挂着一些剪刀、镜子、锦帛等奇怪的物件。宝志和尚又有他非常灵验的一面，传说他运用法力，锄强扶弱，主持公道，还让皇帝废除了残忍的肉刑，百姓对他都非常爱戴。宝志和尚去世归天的时候，自己早有预感，走得平和从容，面带微笑，十分安详，如同入定成佛一般。皇帝听闻，对他进行厚葬，在钟山附近为他建造了一座开善寺，寺院中就建了这座宝公塔。

王安石修建半山园之后，在开善寺求了一个位置，将爱子王雱的遗体安葬在这里，后来还捐献了一笔香火钱，为爱子修了一个祠堂。

王安石一生共有三儿三女，一儿一女幼年夭折。长大成人的两个儿子中，长子王雱曾经与王安石本人、王安石的弟弟王安国并称“临川三王”，其聪慧与才华可想而知；次子王旁，勤勉踏实，后来也在江宁任职。长女嫁给了大臣吴充的儿子吴安持，次女嫁给了大臣蔡京的弟弟蔡卞，二女都是钟灵毓秀、知书达理的姑娘。在所有孩子中，王安石对长子王雱倾注了最多的心血。王雱最为年长，很早就跟随王安石出入重大场合，帮助父亲出主意，想办法，后来还加入了变法团队，成为王安石的左膀右臂。但是因为身体原因，王雱终日缠绵病榻，王安石为之四处奔走求医，最后，其竟然愚忠愚孝，酿成大祸，因此羞愤而死。每每想到这里，想起自己白发人送黑发人的悲痛，王安石就难以自已。

他静静地站立在爱子的祠堂中，任凭泪水模糊了视线，微风又渐渐吹干了眼泪。王安石提笔写下了《题雱祠堂》一诗，来祭奠自己的儿子：

斯文实有寄，天岂偶天才。
一日凤鸟去，千秋梁木摧。
烟留衰草恨，风造暮林哀。
岂谓登临处，飘然独往来。

为了找寻内心的安宁，得到精神上的解脱，王安石归隐之后，渐渐寄情佛教。他与许多高僧都有所交往，也常常阅读佛经来缓解自己心中的郁结。他最常读的就是《维摩诘所说经》和《楞严经》，还写了一些诗作来表达自己读经的感想。王安石离开京城后，神宗皇帝在朝中一人独撑大局。变法的各项举措虽然仍在继续，但是因为原先团结一心的变法队伍已经不复存在，所以对这些措施的监督管理、弥补缺漏一直没有跟上，渐渐出现了一些问题。

变法的种种措施，最后可以归为“富国”与“强兵”两个目的。通过这些举措，整个大宋的经济被激活，商品经济发展，财物流通频繁，国库也日渐丰裕。按照王安石原本的计划，无论是地方官府的银钱充裕，还是国库的财政充裕，最终都应当取之于民、还之于民，由朝廷出资兴建各种水利措施，进行基础建设。但是神宗皇帝此前饱受国库贫乏之苦，有了银子就舍不得再往外花。银子装满了一个库房还不够，朝廷陆续兴建了 32 座库房，专门用来装国库财物，称作“元丰库”。后来，连这些库房都装满了，就又兴建了 20 座。变法为国家带来的财富，由此可见一斑。但国家守着这些财富，并不惠及于民，国富民穷，也由此可见一斑。

至于“强兵”，问题就更多了。因为缺乏有效的监管，到了元丰年间，朝廷派人考察各地官兵，发现很多地方根本没有严格按照将兵法来管理。很多将领还是不熟悉自己的军队，将士之间的配合十分生疏，根本不像经常操练的样子。而地方上的保甲法，逐渐被富户所利用，特别是元丰时期，实施了“集教法”和“团教法”之后，过犹不及，保丁无论农忙农闲，都要五天一次进行集训，而且保长还对保丁恣意欺压，甚至在有些地方发展到了群起反抗的程度。

元丰四年（1081），西夏发生国内政治斗争，西夏太后囚禁了西夏国王。地方将领种谔认为西夏内乱正是进攻的最佳时机，于是上书神宗，强烈要求自己带兵出征。洗雪国耻、开疆拓土本来就是宋神宗一直梦寐以求的事业，他没有经过认真调查，不清楚大宋军队的实力究竟如何，就在七月派出了 30 万精锐部队，边防五路出兵，直奔西夏。

起初，种谔的军队连连告捷。九月，种谔率兵攻打米脂，三日未能攻下，但是西夏已经派出 8 万人马前来支援。种谔临危不惧，在城外布下埋伏，将援军首尾截断，尽收囊中，一举拿下米脂。米脂是当时西夏的军事重镇，这场胜利也成为后世围点打援的经典战役。

但是，还没等大宋高兴多久，形势就急转直下。一路军队攻打灵州时，由于孤军深入，与其他路军队失去联络，被西夏军队以黄河水灌入军营，切断了他们的粮草供给，结果将士们不是溺死就是饿死，8 万人马只剩下 13000 人。

另几路军队在渡河的时候，由于缺乏经验，兵马大多都陷入泥沙之中，难以脱身。还没行进到一半，已经伤亡 2 万多人，最后不得不匆匆撤退。原计划一鼓作气，全部兵马在灵州会师，结果没有一路抵达。

神宗皇帝并没有因为失败而认识到大宋军队外强中干的事实，急红了眼的神宗在次年再次出兵西夏。他命人在米脂附近修建了一个军事要塞，叫作永乐，想以此为据点，进一步进攻西夏。但是西夏为了保住自己的国家，倾尽全部精兵，前来攻打永乐，抢在宋兵做出反应之前就切断了永乐的水源。

此时担任前线指挥的是徐禧，此人平素喜欢显摆理论，夸夸其谈，却没有多少带兵打仗的经验。沈括、种谔等人都建议派一支军队出城驻扎，这样可以内外策应，但是徐禧刚愎自用，坚持直接出门迎敌，战败就退回城中。结果，敌人四面围城，宋兵一旦出城，就被瞬间绞杀得一干二净，根本没有还手的机会。加之永乐城内被断了水源，西北本来就干旱异常，人们掘地三尺也不见丝毫泉眼水迹，很多将士活活渴死。城内外大战多日，尸体堆积如山，被围困起来的永乐犹如死城。

在这种情况下，权宜之策应该是果断带领剩余人马突围撤退。神宗皇帝收到前线战报，也允许将士们根据实际情况，实在守不住城池，可以全军撤出，保存实力。但是徐禧有勇无谋，拒绝撤退，坚持让将士们在毫无希望的情况下守城。西夏军队以逸待劳，看准时机，攻入永乐，城中宋军士兵早已经奄奄一息，徐禧等将领也全部死在乱军之中。

十月初一，“兵败永乐”的快报传到京城，从郊外祭典回宫的路上，神宗听到了这个消息，他顿时瘫软在轿子里，急火攻心，浑身发抖，难以自立。御医指挥太监将神宗抬进福宁殿之后，神宗皇帝昏昏沉沉，呓语不停。

几日过后，详细的塘报传至京城，神宗从病榻上挣扎起身，忍不住放声痛哭。永乐兵败，败得彻彻底底，没有一人生还。这也意味着，神宗辛辛苦苦培养的大宋精锐部队已经全军覆没。神宗从少年时期就立志富国强兵，一雪前耻，所有变法措施、施政措施之中，他最看重的就是军政，但是，永乐兵败让他的强军之梦彻底灰飞烟灭。

神宗直挺挺地躺在床上，一连三天，水米未进。

自此以后，神宗的身体就再也没能好转。到了元丰八年（1085），神宗的病情更加严重，为了维护统治秩序的稳定，神宗的母亲高太后将皇六子领到了神宗的面前:“哀家与诸位大臣商议，六子赵佣，精俊好学，宜承大业，不知皇上意下如何?”

病榻上的神宗勉强侧头看了看这个年仅10岁的孩子，忽然回想起很多年前，自己的父亲也是这样缠绵病榻，空有满腔热血，只可惜有心无力。在诸位大臣的劝谏之下，父亲才满怀悲愤地写下了圣旨，自己就这样被匆忙地推上了那个龙椅。现在，躺在病榻上的人变成了自己。也许每朝每代都不过如此吧！对于统治阶层而言，所谓“天子”，作用也不过是维护皇城内这些人的基业永存，自己的理想抱负，在他们看来，也许都是痴人说梦吧。

元丰八年（1085）三月五日，皇六子赵佣被立为太子，改名赵煦。是日，宋神宗赵顼驾崩于福宁殿，年仅38岁。

10岁的赵煦即位成为皇帝，是为宋哲宗。太皇太后高氏垂帘听政。

魂归天，名流芳

神宗驾崩的消息传遍天下，身在江宁的王安石听到这个噩耗，两眼一黑，几乎晕倒在地。他勉强扶着墙壁支撑住自己，两行热泪从眼眶中滚滚而出。

王安石步履蹒跚地回到卧房，瘫倒在床上，他一句话也不说，只觉得心如刀绞，万念俱灰。如果说王雱的英年早逝，已经夺走了王安石的半条魂魄，那么神宗的驾崩，几乎带走了王安石的另外一半灵魂。夫人吴氏看到王安石的样子，忧心不已，连忙找来郎中，为王安石开下补药养神定气。王安石喝下药，在床上辗转三日，痛哭数场，终于稍稍恢复了一些。

神宗皇帝头七那日，王安石怀着极其悲痛的心情，摊开宣纸，拿起毛笔，为神宗皇帝写下了两首送别之词：

将圣由天纵，成能与鬼谋。聪明初四达，俊乂尽旁求。一变前无古，三登岁有秋。讴歌归子启，钦念禹功修。

城阙宫车转，山林隧路归。苍梧云未远，姑射露先曦。玉暗蛟龙蛰，金寒雁鹜飞。老臣他日泪，湖海想遗衣。

神宗皇帝与王安石是非常特殊的关系，他们不仅仅是君臣、师徒，还是封建帝国高墙深宫中的知音、知己，是变法改革枪林弹雨中的同袍战友。宋朝能够从神宗即位时那种积贫积弱、矛盾一触即发的状态，渐渐成为哲宗即位时国库充盈、民心安定的状态，没有变法改革，是绝不可能的。而变法改革，如果没有神宗皇帝的坚定信念、全部信赖以及关键时刻对变法派和王安石的保护，也是绝不可能的。同样，如果神宗皇帝没有王安石这样一位兼具政治才能、军事才能、经济才能的得力臂膀，变法改革没有王安石这样一位兼具感召力、抗压力与牺牲精神的精神领袖，这场变革也是无法实现的。神宗皇帝和王安石，无论出现多少矛盾、分歧、误解，他们在灵魂上一经相遇，就再也难以分开了。

神宗皇帝的去世，对王安石造成了巨大的打击。他原本就已是风烛残年的身体，愈加脆弱。而此时此刻，支撑他继续坚持活下去的唯一信念，就是希望那些变法成果能够再多存在一段时间，为人民带来更多福祉。

但是，王安石也深知变法派分崩离析以后，保守派逐渐在朝廷上占据上风。神宗离去，也就意味着变法的最后支柱也倒下了。哲宗年仅10岁，要靠太皇太后垂帘听政。高氏本来就对变法的种种举措有颇多不满，多次劝说神宗停止变法。王安石在病榻之上，密切关注着朝廷的一举一动，希望自己和神宗奋斗终生的事业能够得到保留。

当年三月十六日，在野的保守派骨干司马光被高太后召回京城。五月二十六日，司马光被任命为门下侍郎，官职相当于副宰相。王安石曾经想过，孔子有训，“三年无改于父之道，可谓孝矣”。哲宗登基，三年之内，朝廷顾及人言，应该还不会大规模更改新法吧。但是没有想到，司马光一上任，就提出废除青苗法。青苗法实施已久，在民间群众基础很高，因此暂时未能废除。司马光又提出废除免役法。即便是保守派之中的官员，现在也不免基于现实，站出来为新法说话。苏轼、范纯仁都曾经激烈地反对新法，但是时间长了，他们身在地方，确实亲眼看到了青苗法、免役法带给农民的切实利益，认为这两个法例已经被天下认可，利国利民，不应废除。但是司马光一意孤行，不顾一切地要废除这些神宗和王安石一起颁布的新法。

废除免役法、恢复差役法的消息传到地方，在各级官吏之间产生了很大的反响。许多地方拒不照办，产生了民怨与骚动。但是司马光充耳不闻，奸相蔡京见风使舵，镇压百姓，强制推行，还获得了司马光的赏识，得到重用。

接着，坏消息一个又一个传来：

七月，保甲法被废；十一月，方田法被废；十二月，保马法被废。

王安石此时此刻，万念俱灰。他的身体愈加孱弱，病榻之上的他渐渐失去了意识。他模模糊糊听到了孩子的呼唤，听到老妻的啜泣，听到弟弟的安慰，却没有力气做出回应了。他轻轻地呼出了最后一口气，安详地闭上了眼睛。

元祐元年（1086）四月，王安石逝世，享年68岁。丧表传至朝廷，司马光惊闻噩耗，沉默良久，所有的不满、嫉妒、愤怒、怨恨都在一瞬间烟消云散，取而代之的是无尽的惆怅与哀伤。最后，司马光提笔给负责人事工作的吕公著："介甫谢世，反复之徒，必诋毁百端。光意以为朝廷特意有加厚礼，以振起浮薄之风。”

司马光的留言起了作用，王安石在野多年，变法派力量也几近式微，但是朝廷还是给了王安石优厚的礼仪和封赏，特加赠太傅。《王安石赠太傅》的圣旨，指定由苏轼执笔，代哲宗皇帝发布：

> 敕：朕式观古初，灼见天命。将有非常之大事，必生希世之异人。使其名高一时，学贯千载：智足以达其道，辩足以行其言；瑰玮之文，足以藻饰万物；卓绝之行，足以风动四方。用能于期岁之间，靡然变天下之俗。
>
> 具官王安石，少学孔孟，晚师瞿聃。罔罗六艺之遗文，断以己意；糠秕百家之陈迹，作新斯人。属熙宁之有为，冠群贤而首用。信任之笃，古今所无。方需功业之成，遽起山林之兴。浮云何有，脱屣如遗。屡争席于渔樵，不乱群于麋鹿。进退之美，雍容可观。
>
> 朕方临御之初，哀疚罔极。乃眷三朝之老，邈在大江之南。究观规摹，想见风采。岂谓告终之问，在予谅暗之中。胡不百年，

> 为之一涕。於戏！死生用舍之际，孰能违天？赠赙哀荣之文，岂不在我！宠以师臣之位，蔚为儒者之光。庶几有知，服我休命。

苏轼与王安石的关系十分微妙。早年因为政见相左，两人并不相合，但是到了晚年，苏轼经历屡次贬官，渐渐发现国家制度的种种问题、朝堂政治的云波诡谲，反而对坚定改革、刚正不阿的王安石产生了好感，他还曾在贬谪途中前去拜访王安石，对其有了真心的理解和敬佩。及至自己重入庙堂，看到司马光一意孤行要废除新法，苏轼也挺身而出，基于现实，力保新法。在这篇为王安石所写的最后的文章中，苏轼回避了熙宁变法的争议与功过，而是从学问文章、道德人品等方面肯定了王安石。无论是变法派还是保守派，都对王安石的才华与人格怀有崇敬之心，这朝廷最后的盖棺定论，总算可以告慰王安石的在天之灵。

司马光继续废除新法，于八月终于将青苗法铲除。在军政上，司马光甚至想过将王韶在宋神宗和王安石的支持下，浴血奋战夺回、苦心经营多年的河湟地区也完全放弃，拱手让给西夏。在邢恕、孙路等人的苦苦劝谏下，司马光终于放弃了这个想法。除此之外，王安石的所有变法措施，无论实际影响如何，都被司马光一概废弃。在做完这一切之后，司马光仿佛终于完成了自己的夙愿，于同年十月溘然长逝。

元祐八年（1093），太皇太后高氏去世，宋哲宗亲政。他提出愿意继承先皇遗志，重新恢复新法，让大宋重新恢复生机。然而，变法之事，谈何容易。宋哲宗身边没有像王安石那样亦师亦友、忠心耿耿的大臣，变法之路进行得很不顺利。很多投机分子趁机混入朝廷，打着恢复新法、主张变革的旗号，实际上却已经是挂羊头卖狗肉，和当初王安石变法时的景象不可同日而语。

待到宋哲宗故去，宋徽宗即位，奸臣蔡京得到重用。而徽宗沉醉于花鸟文艺，不理朝政，任凭蔡京一人恣意结党营私，贪污腐败，整个国家被折腾得乌烟瘴气，民不聊生。不久，宋朝发生了“靖康之难”，北宋灭亡。

纵览两宋三百余年，只有王安石主持变法的神宗一朝，国力最强。特别是神宗中后期，青苗法、免役法日见成效，整个国家政治清廉，农民富裕，经济繁荣，国库充盈，各个边陲地区也都得到了不同程度的开发。即便在王安石离开京城那段时期，这样的繁荣景象还是持续了相当长一段时间。王安石的变法为整个大宋带来的改变，可谓有目共睹。许多政策虽然被司马光废除，却影响深远。很多改革措施被后世重新继承，或者被作为继续改革的历史基础和重要参考。

王安石除了在政治上留下了浓墨重彩的一笔，他的文学成就也是有目共睹的，被列入“唐宋八大家”之中。他的作品，无论是散文、诗歌、词作，都堪称杰作。北宋初期，文坛风气偏于柔美浮华，而王安石推动的一系列诗文革新运动则让整个文坛为之一振。

作为一个以天下为己任的政治家，王安石的文学创作常常和政治活动紧密结合。他认为，写作首先是为了将自己的理念传达给他人，因此要充分发挥文章的实用功能和社会功能。但也因此，王安石的创作大多重视议论说理，对艺术性并不刻意追求，所以有时也会显得缺少形象美和韵味，较为干涩生硬。

王安石的散文作品，有“瘦硬通神”的独特风貌。他写日常生活、山水游记的散文，简洁明快，清新喜人，能够从平凡的生活中发现独特的景致与哲理，写景说理相互交织，文质兼美。而其政论文则针砭时弊，揭露黑暗，观点鲜明，分析透彻。长篇作品层层递进，逻辑分明；短篇作品精悍有力，直击痛点。一方面，这些散文改变了北宋的文坛风气；另一方面，诗文也配合王安石的变法运动，让革新的理念更加深入人心。

王安石的诗作，形成了独树一帜的“王荆公体”。以熙宁九年（1076）王安石第二次罢相为界，前期的创作呈现为锐意进取、不平则鸣的特点。王安石从自己所见所闻的社会现实出发，对下层百姓的疾苦有着十分深刻的体察和表现。到了后期，王安石退出政坛，回归田园，研读佛经，心境变得古拙平淡，写景咏物的诗作取代了那些激昂的抨击现实的诗歌，成为他创作的主流。这时的风格则呈现为穷而后工，意味悠长。王安石在闲暇的生活中，开始追求诗歌的美感和艺术，重视炼字、修辞、对仗。他的《泊船瓜洲》，那句“春风又绿江南岸”中的“绿”字，将形容词当作动词使用，把江南春天降临、万物复苏、生机勃勃的景象生动地表现了出来，可谓古今炼字的经典之例。

王安石的词作，大致可以分为抒情写志和论

说佛理两大类型。词作的风格一如散文、诗作，瘦削素雅，和五代时的靡靡之音很不一样。王安石写词，即便是即景抒情之作，也是选择大江大河、苍茫开阔的景象，营造淡泊致远的意境，突出了他作为一个心怀天下的政治家所具有的眼光与情怀。特别是流传至今的《桂枝香·金陵怀古》一词，既有豪迈之气象，又有沉郁的历史感，和范仲淹的《渔家傲·塞下秋来风景异》一词，并列北宋豪放词派之先声，成为后世的模范之作。

王安石去世后，历朝历代对于他的评价都不尽相同。因为古人重农轻商，而王安石的变法措施又特别重视经济发展、金融通商，所以很多传统的士大夫都认为是王安石败坏了大宋风气，变乱了祖宗法度。到了南宋时期，更是有很多诋毁王安石的小说、野史出现。特别是大儒朱熹，在编写《五朝名臣言行录》中，不辨真伪，就将很多虚构、捏造、诋毁王安石的内容摘录进去，还在《书两陈谏议遗墨》中，对陈瓘、陈师锡攻击王安石的内容加以发挥，对王安石的名声造成了很坏的影响。元朝人在编修《宋史》的时候，也完全采用了朱熹的观点，把王安石写成了一个沽名钓誉的伪君子，王安石九泉之下若是有知，何其怨乎！

但是从古至今，能够明辨是非、为王安石拨乱反正的士人，也从来不在少数。就在朱熹颠倒黑白的时候，南宋的另一位哲学家、教育家陆九渊就在《荆国王文公祠堂记》中，反驳了这些污蔑，并且称赞王安石“洁白之操，寒于冰霜”的品质，当然，也对王安石在用人方面有所失察、不能广开言路听取意见的缺点直言不讳，可以说是较为公允的一篇评述。明清之际，也有许多王安石的崇拜者称赞他的文章，敬慕他的人品，肯定他的功业。

到了近代，中国积贫积弱的景象再次出现，人们迫切呼唤着出现一位政治家、改革家能够领导中国人民走出内忧外患的困境。主张变法的梁启超重新发现了王安石的闪光价值，他在《王荆公》一书中给予了王安石极高的评价，称赞王安石是三代以下唯一的完人。虽然梁启超的评价有些过誉，但是从王安石变法的价值得到肯定，我们不难发现，王安石重视农业发展，尽力缩小贫富差距，具有强烈的民本思想和平等精神，而他种种促进物资交流、促进经济发展的举措，也推动了中国商品经济的发展，具有非常超前的眼光。最重要的是，王安石在风雨如晦的大宋王朝，能够坚定不移地实行改革，从一片困局中拯救国家的危亡，这种改革家的风采与精神成为近百年来中国不断冲破枷锁、奋勇前进的精神之光。

无论处于战争年代还是和平年代，历史如激流，不进则退，改革创新永远是令我们于激浪之中力争上游的关键。王安石作为那个时代的精英，以才华横溢之身，怀安邦济世之志，成舍我其谁之业，其壮怀激烈的一生，值得后人反复品读。生活在当下的我们，应当从王安石的一生中汲取力量，为中华民族的伟大复兴、和平崛起而贡献自己的力量。